河合 敦

# 渋沢栄一と岩崎弥太郎

## 日本の資本主義を築いた両雄の経営哲学

GS
幻冬舎新書
613

# はじめに

新型コロナウイルスによる肺炎が世界的に大流行し、日本経済は深刻なダメージを受けている。ワクチン接種がはじまったとはいえ、コロナ禍が終息する見通しはまったく立っていない。これからどう生きるべきかと多くの方が思い悩んでいるに違いない。

本書は、その打開策の一助になればという願いをこめ、一代で大実業家に成り上がった渋沢栄一と岩崎弥太郎の生き様を詳しく綴った本である。

日本資本主義の父と呼ばれ、五百もの会社の創設や経営にたずさわった渋沢栄一。

巨大な外国の汽船会社を駆逐し、海運王と呼ばれ日本の海運を独占した岩崎弥太郎。

二人はいかにして、大きな成功をその手におさめることができたのか、その秘訣を詳しく語ろうと思う。

栄一と弥太郎が頭角を現した幕末は、コロナ禍の現在よりずっと状況は悲惨だった。列強諸国との交易がはじまると、諸物価が高騰して人びとの生活は苦しくなり、海外から入ってきたコレラが二度もパンデミックを起こし、そのうえ麻疹が大流行して多数の人命を奪った。このため幕府は弱体化して社会の動揺は激しくなり、戊辰戦争をへて二百六十年ぶりに政権が交代した。

そんな動乱期に、関東の豪農出身の栄一は、一橋慶喜に仕えて軍事・財政改革に大きな力をふるった。一方、土佐藩の地下浪人として農村で暮らしていた弥太郎も、藩の重役の抜擢を受け、長崎の土佐商会（藩の貿易組織）の主任となり、対外貿易で藩に貢献する。

このように幕末に経済官僚として活躍した経験が、明治の世になって二人が実業界で栄達するチャンスを与えたのである。

当時、栄一や弥太郎のような下級武士は、尊皇攘夷運動や倒幕運動に流れる者が多かったが、栄一は若い頃にそうした運動から完全に身を引いた。対して弥太郎は、はじめからそんなものに興味を持たなかった。

このように安易に流行の波に乗らず、あえて独自の道を究めたことが、彼らの未来を開いたともいえるだろう。

明治六年（一八七三）——この年は栄一と弥太郎にとって人生を大きく変えた年だった。政府の大蔵官僚として敏腕をふるってきた栄一は、大久保利通と対立して下野し、第一国立銀行（日本初の民間銀行）のトップに就き、実業家としての第一歩を踏み出した。

一方、政府への出仕を願っていた弥太郎だが、その思いは叶わず、会社経営に専念することを決意、社名を三菱商会と改め、経営の中心になった。

奇しくも同じ明治六年、二人は実業界に入り、経営の道を歩みはじめたのである。

ただし、その経営手法は、正反対だった。
渋沢栄一は合本《がっぽん》主義といって、多くの人びとから資金を募り、適任者を見つけて事業を委ねる手法を好んだ。会社をワンマン経営したり株式を独占したりせず、経営が軌道に乗るとサッと身を引いた。『論語』を経営理念とし、私利私欲のための経営ではなく、道徳心をもって「国利民福」（国家の利益と国民の幸福）を目指したのである。

対して岩崎弥太郎は、三菱の社則に「三菱商会は会社の形態をとるが、実際は岩崎家の事業であり、多数から資本を募って結社するのとは異なる。だから会社のことはすべて社長の裁可をあおげ」と記したように、独裁主義を公言した。合本主義と独裁主義は対照的なので、二人が実業界で力を付けてくると、対立するのは必然だった。

明治十三年（一八八〇）、弥太郎が日本の海運を独占するようになると、これを嫌った栄一は、三井物産の益田孝と結んで東京風帆船会社を設立し、三菱に対抗しようとする。

これを知ると弥太郎は、栄一を酒宴に招いてこの動きを阻止し、手を結ぼうとした。

だが、酒の席で合本主義か独裁主義かを巡って大激論となり、これを機に二人は完全に決別、敵対していくことになった。そのあたりの激しい攻防と意外な幕切れは、本文で詳しく述べようと思う。

合本主義と独裁主義——この相容れない経営方針から対立した両雄だが、じつは二人の目指すところは同じだったのである。

栄一は国利民福を目標としたが、弥太郎も「実業に従うものは、廉直と操守を重んじなければならぬ。我が社の精神は、国家の公益を維持保全」にあると明言しているからだ。

国際社会に乗り出したばかりの日本は、吹けば飛ぶような存在だった。だからこそ栄一と弥太郎は、「経済を発展させて列強の爪牙《そうが》から日本の独立を守る」という目的を持って事業を展開したのである。

そんな大志と気概を持って日本を発展に導いた実業家を知ることは、激動の時代を生きるあなたに、きっと大きな勇気と力を与えてくれると信じている。

二〇二一年二月

河合 敦

渋沢栄一と岩崎弥太郎／目次

DTP 美創

# 第一章　栄一と弥太郎の立志

# 一、渋沢栄一と岩崎弥太郎の生い立ち

## 渋沢家と岩崎家

渋沢栄一は、岩崎弥太郎より約五歳（数え年だと六歳）年下である。

ただ、同じ天保年間の生まれで、関東と四国と場所は離れているものの、大名領の農村で育ったことは共通している。とはいえ、生育環境はかなり大きく異なった。

栄一が生まれた渋沢家は、武蔵国榛沢郡《はんざわぐん》血洗島村《ちあらいじまむら》（埼玉県深谷市）に根付いた一族で、中でも栄一の生家（中ノ家）は、渋沢一族の本家筋にあたる旧家、領主から苗字帯刀を許されるほどだった。しかし、栄一の生まれる以前には、他の分家より寂れてしまっていた。そんな渋沢本家を盛り返したのが、分家（東ノ家）から婿養子に入った市郎右衛門《いちろうえもん》美雅《よしまさ》であった。

市郎右衛門は農業にくわえ、養蚕や藍玉《あいだま》の製造・販売、荒物販売、さらには村人を相手に金融業を営む多角的な経営を展開し、一代で見事に家の再建に成功している。栄一はそんなやり手である市郎右衛門の長男として、天保十一年（一八四〇）二月にこの世に生を享《う》けた。

父の市郎右衛門は、品行方正で謹厳実直な性格だったが、どんな細かいことでも他人に任せずに自分で動く人だったという。また、人情家の面もあり、よく近隣の面倒をみたといわれ、四書五経に詳しいうえ俳諧にも秀で、武芸もたしなんだことから、村人たちの尊敬を集めていた。

一方の岩崎弥太郎は、弥次郎と美和の長男として、天保五年（一八三四）十二月に生まれている。岩崎家は、土佐国安芸《あき》郡井《い》ノ《の》口村《くちむら》の地下浪人の家柄だった。地下浪人という言葉は、耳慣れないと思うが、武士（郷士）の身分を失った家をそう呼んだ。

根っからの農家である渋沢家と異なり、岩崎家は甲斐源氏の武田氏の末裔だというが、系図が明確になるのは戦国時代以降のこと。安芸郡の侍として長宗我《ちょうそか》部《べ》氏に仕えた頃だ。主君の長宗我部元親は土佐の大名で、一時は四国の大半を支配下に置いたものの、跡継ぎの盛親が関ヶ原合戦で西軍（石田三成方）につき改易となった。

かわって土佐に入国してきたのが山内一豊だった。この騒動で岩崎氏は、浪人となったものの、郷士（下級藩士）の株を買って武士身分を取り戻したと伝えられる。ところが、弥太郎より数代前の先祖が家財を使いはたし、再び郷士株を売り渡し、地下浪人に転落してしまったのである。

苗字帯刀が認められた元武士といっても、岩崎家は農業で生計を立てていたし、地下浪人は村役人である庄屋（名主）に従うきまりになっていた。

しかも豪農の渋沢家と違って岩崎家の生活は、かなり苦しかったといわれる。

それは、数代前の先祖だけのせいではない。その一因は、弥太郎の父である弥次郎にあった。この人は、農業経営が下手なうえ酒が大好きで、そのために借金をこしらえては田畑を切り売りしていた。しかも性格が非常に頑固で意固地。他人の過ちを見過ごさず、面と向かって相手の落ち度を叱責した。とくに酒に酔うと、ひどく他人を罵倒する癖があった。いわゆる「酒乱」の気があったのだろう。

そんな性格から、庄屋の島田氏や岩崎家の分家とのイザコザが絶えず、隣近所から孤立しがちで、村内では不遇をかこっていた。

このように弥太郎の父親は貧農で嫌われ者。いっぽう、栄一の父親は村の豪農で人徳者。まさに対照的だった。続いては、そんな二人の幼少年期について語っていこう。

## 本を読んで英雄に

栄一は、渋沢家唯一の男子ということもあって、幼い頃から両親の寵愛を受けて育った。六歳から父親の教育がはじまるが、異常なほどの記憶力だったので、大いにその将来を期待された。七歳になると、下手《しもて》計《ばか》村の漢学者・尾高惇忠《おだかじゅんちゅう》（新五郎）のもとに通って、本格的な手習いをはじめた。惇忠は栄一の従兄で、十歳年上の青年だった。

ただ、この惇忠という人の教え方は、大変ユニークであった。

たとえば読書。少年たちによくやる素読暗唱というものは一切しなかった。とにかく多くの書物を通読させたのだ。

「後になって意味や意義がわかればよいので、とにかく多く読め」というやり方。いわゆる乱読法といえようか。

後年、栄一が回想しているが、不思議なことに四、五年経つと、実際に本に書いてある内容がわかってきたという。ただ、栄一が興味を持ったのは儒学の本ではなく、『通俗三国志』や『南総里見八犬伝』といった娯楽本だった。

そこであるとき心配になった栄一が惇忠に「私はこのような通俗的なものしか、面白いと感じないのですが、本当にそれでよいのでしょうか」と尋ねてみた。

すると惇忠は、次のように言ったのである。

「それは最もよい、読書に働きを付けるには読みやすいものから入るが一番よい、ドウセ四書・五経を丁寧に読んで腹にいれても、真に我物《わがもの》になって、働きの生ずるのは、だんだん年を取って世の中の事物に応ずる上にあるのだから、今の処ではかえって『三国志』でも『八犬伝』でも、なんでも面白いと思ったものを、心をとめて読みさえすれば、いつか働きが付いて、『外史』も読めるようになり、『十八史略』も『史記』も『漢書』も追々面白くなるから、精々《せいぜい》多く読むがよい」（長幸男校注『雨夜譚　渋沢栄一自伝』岩波文庫）

栄一は、良い先生に出会ったものである。

子供が興味を持ったことを否定しない教師は素晴らしい。さらなる興味を伸ばすだけでなく、その子供に「自分に対する肯定観」、言い換えれば、自尊心を植え付けるからである。「自分は尊い存在である。特別なんだ」という気持ちを子供時代に抱いた人間は、必ず将来、大きな仕事をなしとげる。それは、日本史を見ればよくわかる。

とくに栄一の場合、英雄伝が好きだったこともあり、「千古の英雄豪傑も皆自分の友達のような念慮が生ずるようになって来た」（前掲書）と語るほどになった。

有名な歴史人物を友人と思えるくらいに身近に感じるようになり、やがて「自分もそうなれる」という意識が植え付けられ、その結果、栄一は大実業家になっていくのだろう。

じつはこれ、岩崎弥太郎もまったく同じなのである。

## 弥太郎の幼少年期

赤ん坊の頃の弥太郎は、昼夜となく激しく泣きわめく、非常に癇の強い子で、母親の美和もほとほと困り果てるほどだった。

やがて七歳になると、弥太郎も大叔父の弥助のところに手習いに通うようになるが、学業はてんでダメで、あまりの物覚えの悪さに弥助から愛想をつかされてしまう。そこで美和は、今度は兄の小野順吉に息子の教育を頼んだが、こちらもうまくいかなかった。

これにコンプレックスを抱いた反動なのか、弥太郎はガキ大将となり、周囲の大人も持てあますイタズラをするようになった。

たとえば、南瓜の中身をくり抜いて蠟燭《ろうそく》を立てて墓場に置き、鬼火に見せかけて人びとを驚かしたり、大木の空洞に棲《す》む狸を退治するんだと言って、火の付いた藁束《わらたば》を穴につめたところ、木に火が燃え移り、危うく山火事になりかけたりした。

一方で、優しいところもあった。山林から木が盗まれ困っていると聞くと、待ち伏せして犯人を捕まえたのだが、それは身寄りのない貧しい老婆だった。すると、犯人を突き出すどころか、薪を背負って老婆を家まで送り届けてやったそうだ。

貧しい熊助という老爺のために、虚無僧《こむそう》姿で尺八を吹いて回り、恵んでもらった米を彼に与えることもしたという。

ともあれ、弥太郎はすっかり勉強は嫌いになってしまった。

しかし偉いのは、母の美和である。出来の悪い弥太郎を決して見捨てなかった。今度は、土佐藩の家老・五藤氏に儒者として仕えていた小牧米山《こまきめいざん》に、息子の教育を頼んだのだ。こうして九歳のときから米山のもとで学びはじめた弥太郎は、相変わらず学問のほうはからきしだったが、詩の才能に光るものがあった。それを見出した米山は、大いに弥太郎をほめてやったのだ。おそらく、先生にほめられるのは初めての経験だろう。気を良くした弥太郎は奮起して詩作に夢中になり、十二歳の頃から才能が大きく開花したのである。

弥太郎が十四歳のとき、藩主の山内豊熙《とよてる》が地元の安芸郡に巡察に来た。このとき弥太郎が小牧米山とともに藩主を奉迎する詩をつくって捧げたところ、豊熙は弥太郎の詩をたいそうほめ、褒美に扇子と銀を下賜したのである。

みんながアホだと放り出した弥太郎を、小牧米山が秀才に変えた瞬間であった。

栄一にとっての尾高惇忠、弥太郎にとっての小牧米山。少年時代にこうした良師に出会えるかどうかが、ある意味、その子の将来を左右するのではないかと思えてくる。そういった意味では、美和の努力はまさに孟母三遷に匹敵するものといえよう。

いずれにせよ、藩主からほめられた弥太郎の向学心はますます燃えあがり、十五歳の春、高知城下に出て岡本寧浦《ねいほ》の塾「紅友舎」に入ったのである。

この寧浦は、美和の姉・時の夫だった。安芸郡の乗光寺に生まれ、将来は住職になることが決まっていたが、京都の西本願寺や芸州高田郡の専修寺で修行を積むうち、儒者の頼春水《しゅんすい》（頼山陽の父）から儒学を学ぶようになり、最終的には仏教を捨て去り儒者に転じた人物である。

やがて学者として西国で名をあげた寧浦に、備前の池田氏から仕官の誘いがかかった。ところが、これを知った土佐藩主の山内豊資《とよすけ》が、それはもったいないと考えて寧浦を召還し、藩校「教授館」の教官にすえたのだ。

やがて寧浦は、職を辞して紅友舎と称する私塾を開いた。そこに弥太郎が入塾したのである。というより、自宅からとても通えないので、岡本家に住み込んで学ぶことになった。

ちなみに、この人の教育方法もかなり風変わりだった。

易学や歴史を重視する講義をしたというが、ユニークなのは室内にいつも朱塗りの酒樽が置いてあり、講義が終わると門下生たちに酒を出し、飲みながら塾生たちに自由な討論をおこなわせたことである。

こうした雰囲気のなかで弥太郎は、漢学は嫌って勉強しなかったが、歴史に興味を覚えるようになった。そして栄一同様、『三国志』や『水滸伝』など、英雄が活躍する書物を読みあさった。雨の日も外で傘をさして本を読みふけるほどだったというから常軌を逸している。しかし、これらの書物に感化されて自己を英雄視するようになり、「将来自分は、世の中に名を成すだろう」と公言するようになった。

こんな話がある。

あるとき弥太郎は、歴史の授業中に塾生たちを前に、「もしもこの俺が宰相であったら、こんな愚策で国を滅ぼすことはしないだろう」と偉そうなことを言った。

これを耳にした塾生の野中傳太が「いったいおまえは、何様になるつもりなんだ」と笑うと、「治世の能吏《のうり》、乱世の姦雄《かんゆう》になるのが、自分の夢だ」と平然と答えたので、驚いた野中は、以後、弥太郎に対する認識を変えたという。

こんな話もある。

弥太郎の文字下手は、塾でも有名だった。それを仲間たちにからかわれたとき、

「べつに下手でも構わぬではないか。俺が出世したら、能筆家を雇えばいいだけの話。算盤のうまいやつも雇うだろう。だから、字なんて下手くそで構わないのだ。諸芸に秀でようとして、枝葉末節に時間をかけようとするのは、愚か者がやることさ」と言い返したという。

そんな弥太郎の大志は、現存する高知県安芸市の岩崎彌太郎生家を訪れるとよくわかる。

表座敷の小庭に、日本列島をかたどった石組みが配置されているのだ。これは、弥太郎が自ら運んで並べたもので、自宅に居ながら日本全体を眺めようとしたのだそうだ。まことに気宇壮大だといえよう。

また、弥太郎の生家の裏手にある妙見山に登ると、今も太平洋を眼下に望むことができるが、弥太郎少年はよく海を眺めながら、「大人になったら太平洋を横断するんだ」と豪語していたという。

このように渋沢栄一と岩崎弥太郎の共通点は、少年時代に歴史上の人物の活躍に深く触れ、自分を彼らと同一視できるようになったことである。もしみなさんに幼いお子さんや

お孫さんがいるなら、子供のときに偉人伝を与えてみるのもよいかもしれない。

## 読書をやめ家業に専念する栄一

さて、師の尾高惇忠のおかげで読書の喜びを知った栄一だが、十二歳のとき、父に連れられて年始回りをした。このおり、父の後ろに付いて歩きながら読書に夢中となり、溝に落ちて晴れ着を台無しにしてしまった。

渋沢家の跡取りは、栄一しかいない。さすがに心配になった父の市郎右衛門は、栄一が十四歳のある日、息子を呼んで次のように申し渡した。

「十四、五歳にもなったら、農業商売に心を入れんければならぬ、いつまでも子供のつもりでは困るから、向後は幾分の時間を家業に充《あ》てて、従事するがよい、勿論《もちろん》、書物を読んだといって、儒者になる所存でもあるまい」「モウ今までのように昼夜読書三昧《ざんまい》では困る、農業にも、商売にも、心を用いなければ、一家の益《やく》にはたたぬ」（『雨夜譚』）

そうはっきりと父親から「読書と決別して家業に専念せよ」と通告されたのである。

傾いた渋沢家を立て直した市郎右衛門としては、せっかくの努力を息子の代で台無しにしたくはない。家長として当然の言葉だろう。

こうして、書中で活躍するような一廉《ひとかど》の英傑になろうとした栄一の夢は、一気にしぼんでしまった。

だが、人は誰でも同じような経験をしているものだ。

「サッカー選手になりたい」「お笑い芸人になりたい」「人気ユーチューバーになりたい」

子供時代はみな、大きな夢があったはず。しかし年齢を重ねるにつれ、それが難しいと認識し、遅かれ早かれ、現実と折り合いをつけなくてはいけない時が来る。栄一の場合、父親の宣告がまさにそれだった。

こうして栄一は、読書三昧の生活から足を洗い、以後、父の仕事をよく手伝うようになった。

渋沢家では、藍玉を製造して関東各地の紺屋に届けて大きな収入を得ていた。藍は自家栽培だけでは到底足りず、周辺の村々をまわって買い集めていた。

あるとき栄一は、祖父とともに近隣の村々に買い付けに向かったが、横瀬村から新野《しんの》村に移動するさい、祖父に「どうか私一人で買い取りをやらせてほしい」と頼み込んで許しを得た。

こうして新野村につくと、栄一は「藍を買いに来た」と村に触れ回った。物珍しげに農民たちが集まってきたが、鳶口髷《とびぐちまげ》をした子供の言うことなど、笑って誰も本気にしなかった。

そこで栄一は、一計を案じた。

すでに栄一は、父に随行して何度も藍の買い付け現場を見ていた。だからいきなり村の人びとに「この藍は、肥料に〆粕《しめかす》を使っていないね。しかも、肥料の量がすくない。これは、乾燥がいまいちだな。こっちのほうは茎の切り方が悪い」など、さも知ったふうに次々と持ち込まれる藍の鑑定をしたところ、村人たちは「確かにそのとおりだ。よくわかるな」と、その的確さを大いにほめ、栄一をあっけなく信用したという。こうして、見事買い付けに成功したのだ。

大した機転とハッタリである。もちろん、父の仕事をきちんと把握していたからこそ、正確に藍の善し悪しを指摘できたわけで、彼の頭脳の明晰さがよくわかる。

こんな話もある。姉が病気になったときの逸話だ。

ある親戚が「病気は家の祟りのせいだから、祈禱が必要だ」と言うものだから、渋沢家では、修験者を招いてお祓いをしてもらうことにした。

修験者が巫女を立てて祈禱をはじめると、巫女役の女がいきなり神がかりになって「この家には金神《こんじん》と井戸の神が祟る、またこの家には無縁仏があって、それが祟りをするのだ」（『前掲書』）と言い出したのだ。

周りにいた親族たちは一様に驚き、「いつの頃か、この家から伊勢参宮に出立《しゅったつ》して、それ限り帰宅せぬ人がある、定めし途中で、病死したのであろう」「今御告げの無縁仏の祟りというのは、果してこの話の人に相違あるまい」（前掲書）と騒然となった。

その巫女は、解決策として「祠《ほこら》を建立して祀ればおさまる」と断言したのである。

その場にいた栄一は、祟りなんてはなから信じてはいなかった。

だから栄一は、神がかりになった巫女に向かって白々しく、「祠や碑を建てるには、無縁仏の出た年を刻む必要があります。それは、今から何年前のことでしょうか」と尋ねると、「五十年前のことだ」と明言した。そこですかさず栄一は、「年号でいえば、いつになりますか」と重ねて問うと、「天保三年のことである」と答えたのだ。

してやったりと思った栄一は、「おかしいですね。天保三年は、二十三年前の出来事です。我が家の無縁仏の存在を教えてくれるほどの神様が、こんな簡単な年号すらわからないとは……。到底、納得できません。しょせんあなたは、取るに足らない神様ですね」と言い放ったのである。

「そんな罰当たりを言うな」と諫める大人もあったが、他の者たちは栄一の言葉を聞いてすっかりしらけてしまった。すると修験者と巫女も間が悪くなり、栄一をにらみつけて這々《ほうほう》の体《てい》で去っていったという。

栄一は、とっさの機転で、巫女の嘘を暴いたのである。

こうした機転というものは、どうやら商才と大きく関係するようだ。

なぜなら岩崎弥太郎にも、似たような話が残っているからだ。

あるとき、母の美和が薪を集めるよう弥太郎に命じたことがある。しばらく経って彼女が庭を見てみると、すでに薪が山のように積まれてあって大いに驚いたという。

じつはこれ、弥太郎が近所の子供たちを集め、巧みに指揮して運ばせたものだった。自分では動かず他人を動かす。まさに子供時代から大実業家としての片鱗を見せたわけだ。

さらに、こんな話も残っている。

井ノ口村では、田植えのとき若い娘たちが一斉に田んぼで働く。すると、悪ガキたちはあぜ道に集まり、娘たちの名前を呼んだり、卑猥な言葉を投げかけたりする。娘たちはそうしたませガキに、田んぼの泥をぶつけるというのが、恒例行事のようになっていた。

ある年、また田植えの季節がやって来た。だが、その年はいやにリアルな話を娘たちに投げかけてくる少年が多い。

「昨夜お梅が若宮の森へ行つたが、今朝見ると下腹がふくれ出したそうな」（『岩崎彌太郎傳上巻』岩崎彌太郎岩崎彌之助傳記編纂會）

そこで娘たちが少年の一人を捕まえ、問いただしてみたところ、すべて弥太郎が娘たちの猥談を自作したのだと告白した。

これを聞いた彼女たちは泥を手に持ち、岩崎家に殺到した。

すると弥太郎は、急いで裃をつけて玄関に現れ、「御女中方お揃《そろ》ひでいかがなされた。拙者は高知藩庁のお呼び出しで、これよりまゐるところで御座る。お話は又の折に」（前掲書）と威儀を正して丁寧に挨拶したのである。

そんな弥太郎にあっけにとられ、泥を投げつけることができず、彼女たちはすごすごと帰っていったという。

とっさの機転、それが栄一と弥太郎の共通点の一つである。

# 二、屈辱と怒りが両雄に与えた大志

## 武士になりたいと切望した栄一

血洗島村の領主の安部《あんべ》氏（岡部藩）は、お姫様の輿入れだとか、ご先祖の法要だといった理由をつけては、たびたび領民たちから御用金を巻き上げていた。豪農の渋沢家では、市郎右衛門の時代、すでに二千両もの大金を代官に差し出していたという。

あるとき市郎右衛門は、村の豪農二人とともに代官の若森某に陣屋（代官所）へ呼び出された。しかし、どうしてもよんどころない用事があったので、十七歳の栄一を代理で陣屋へ遣わしたのである。

代官はやって来た栄一たちに向かって、多額の御用金を課してきた。栄一の家には、五百両の供出が命じられた。現代の金額にすると、二、三千万円になる大金である。

同行した二人は当主なので、その場で承諾したが、さすがに栄一は即答するのに躊躇した。

だから「今日は、御代官様の御用向きを伺ってこいと父から言いつけられて参上しただけ。金額は承知しましたので、父に話したうえでお受けいたします」と願い出たのである。

すると代官は栄一に向かって、「おまえの年齢はいくつだ」と尋ね、栄一が十七歳と答えると、「もう女郎を買う年だな。ならばそんなはした金、何でもないことだろう。それに、この場で引き受ければ、追々身分も上がり、世間に対して名誉になる。父に話してからなどというのは認めない。手ぬるいことを言うな。この場でただちに承諾せよ」と迫ってきたのだ。

だが、栄一も頑固だった。それでも首を縦にふろうとしなかった。

すると代官は、「貴様はつまらぬ男だ」などと、さんざん愚弄したのである。

結局、承諾しないまま陣屋を出たものの、帰り道、栄一はひどく腹が立ってきた。

「あの代官は私たちから年貢を取り立てたうえ、さらに返済もしない大金を御用金などと名を付けて収奪しようとしている。しかも私のことをさんざん嘲笑し、まるで貸したものを取り返すように命令してきた」。それが栄一にはどうしても許せなかったのである。

後年、このときの気持ちを栄一は次のように回想している。

「彼の代官は、言語といい動作といい、決して知識のある人とは思われぬ」「百姓をして居ると、彼らのような、いわばまず虫螻蛄《むしけら》同様の、智恵分別もないものに軽蔑せられねばならぬ、さてさて残念千万なことである」（『雨夜譚』）と身分の不条理を痛切に感じ、「同じく人間と生まれ出た甲斐《かい》には、何が何でも武士にならなくては駄目である」（渋沢栄一著『論語と算盤』角川ソフィア文庫）

栄一は、代官とのやりとりを通じて身分の不条理を実感するとともに、「必ず武士になってやる」という大志を抱くようになったのである。

よく、怒りや憎悪はマイナスの感情だから、なるべくそうした思考は打ち消すようにしたほうがよいと言う人がいる。だが、そうとばかりは言い切れない。あまりに屈辱的な仕打ちを受けたとき、それを無理に自分に納得させる必要はないと思う。もちろん、相手を殺して復讐してやろうといった極端な考えにとらわれるのは身の破滅だ。

むしろ、「いつか必ず相手を見返してやる」と怒りをバネにすることである。栄一もじつはこの体験がのちに大きなバネ、転機になっているのだ。

続いて、同じく弥太郎が若い頃に経験した屈辱的な体験を紹介していこう。

## 弥太郎、大志を抱いて江戸へ

嘉永六年（一八五三）十月、恩師の寧浦は六十歳で亡くなってしまった。弥太郎が二十歳のときのことである。寧浦には跡継ぎがおらず、紅友舎の塾生たちは、岡本家に住み込みで学んでいた弥太郎が家督を継いで塾を続けてくれることを望んだ。

しかし実父の弥次郎が「嫡男は養子にはやれぬ」と同意しなかったので、弥太郎の後継者話は消えた。

こうして仕方なく弥太郎は再び生家に戻ったが、寧浦の薫陶により、自分は学者になりたいと望むようになっていた。ちょうどこの時期、江戸に遊学していた岩崎馬之助から手紙が届くようになる。寧浦の「紅友舎」の同窓であり、岩崎一族の分家・鐵吾《てつご》の長男だった。極めて優秀な若者で、紅友舎では良きライバルだった。そんな馬之助が盛んに「君も江戸へ出てきたまえ」と言ってよこしてくる。

当時、何か一芸に秀でている青年は、みな優秀な学者や剣客が集まる江戸遊学を望み、実際、多くの若者が江戸に集まってきた。同じ土佐藩では武市半平太や坂本龍馬がそうだ。長州藩では吉田松陰、桂小五郎、高杉晋作などがいる。とくにこの年、ペリーが来航し、江戸は騒然となり、若者たちの間で攘夷論（外国人を排除すべきだという考え方）が高まっていた。

そこで弥太郎は、そんな有能な若人たちが集う江戸に遊学したいと両親に打ち明けた。だが、母の美和に「長い間、他国で修業したいというけれど、あなたは取り替えることのできない岩崎家の嫡男。どうか我慢しておくれ」と言われてしまったのだ。この頃、父の弥次郎が分家などとの間で問題を起こし、弥太郎がいないと困ったようだ。

けれど、弥太郎は江戸行きの思いを断ち切ることができなかった。ちょうどそこに、知り合いの藩士（学者）・奥宮忠次郎（慥斎《ぞうさい》）が江戸詰めとなり、近く江戸へ出立するという情報が入ってくる。

「この好機を逃すことはできない」

そう思い立った弥太郎は、いきなり奥宮の屋敷に押しかけ、遊学の志望を語ってお供に加えてほしいと頭を下げた。熱意に打たれた奥宮は、意外にも頼みを快諾してくれたのだ。すると喜んだ弥太郎は、その足で安芸郡奉行所に出向いて江戸出府の手続きをしてしまったのである。

こうなってはもう仕方がない。弥次郎と美和も弥太郎の遊学を認め、息子のために先祖伝来の山林の一部を売却し、遊学の費用を出してやった。

渋沢栄一の場合は、父の説得に従って本格的な学問を絶ったが、弥太郎は母の説得に耳を貸さず、反対を押し切って自分の夢をそのまま追おうとしたわけだ。

こうして二十一歳の九月、弥太郎は土佐の地を出て江戸へと旅立っていった。

出立の直前、弥太郎は近くにそびえる標高四百四十八メートルの妙見山に登った。頂上に星神社が鎮座するが、弥太郎はその社殿の扉に、

「天下の事業はこの手腕にあり。吾れ志を得ずんば、再びこの山に登らず」

と大書した。

江戸遊学が決まった喜びと、将来、一廉の人物になってやるという大志が、よくわかるだろう。

だが、残念ながらその志はすぐに破れ、数カ月後に弥太郎はまた故郷に戻ってくることになる。

## 父のトラブルで帰郷

弥太郎は夢がかなって昌平黌《しょうへいこう》（のちの東京大学）の教授・安積艮斎《あさかごんさい》の私塾で学業に励むようになった。

ところが遊学からまだ一年も経たないうちに、母親から驚くべき知らせを受けた。父の弥次郎が庄屋の島田便右衛門たちから激しい暴力を受け、立ち上がれないほどの怪我を負ったというのだ。弥太郎は仰天し、すぐさま江戸を後にした。もちろん事態が解決したら、江戸に戻るつもりだった。だが、それはかなわぬことになった。

いずれにせよ、家に戻ってきた弥太郎が見たものは、足腰が立たなくなって弱った父親の姿であった。

事の起こりは、弥太郎が帰郷する三カ月前の安政二年（一八五五）九月二十三日のこと。三年間にわたった村内の水争いが無事に解決したので、庄屋の島田便右衛門は仲介の労をとった弥次郎らを酒席に招いたのだ。ところが数時間後、弥次郎は人にかつがれて家に戻ってきた。美和はいつものように飲み過ぎたのだろうと思っていたが、何だか様子がおかしい。

じつは、宴席で庄屋の不正をなじったため、その手先の者から激しい暴行を受けたのだった。

それがわかったのは、ようやく弥次郎が意識を取り戻した数日後のことだった。もうろうとしながら「島田らに暴行された」と美和に告げたのだ。確かに全身に青あざがある。

再び弥次郎は意識を失い、一時は、危篤に陥るほどだった。驚いた美和は庄屋に事実を糺し、さらに安芸郡の奉行所へ告訴した。だが、まったく相手にされず、ついに思いあまって江戸の弥太郎に手紙で事の次第を告げたというわけだ。

弥太郎は庄屋の島田を問いつめたが、知らぬ存ぜぬを通したため、再度、安芸郡の奉行所に訴え出た。そこで奉行所が関係者を集め事情を聞いたが、みな口裏を合わせていた。仲の悪い分家の岩崎鐵吾と寅之助も庄屋の側についた。

弥太郎は弥次郎の青あざが暴行の証拠であると申し立てたが、なんと奉行所は「焼酎を飲み過ぎたせいだろう」と決めつけ、「当日は前後不覚になるくらい大酒を飲んでいたくせに、暴行されたなど不確実なことを申し立て、御上を騒がすとは不届きだ」

と弥太郎を激しく叱責したのだ。

「どうやら郡奉行は、庄屋の島田から賄賂を受けとったらしい」

という噂を弥太郎は、耳にしていた。

そこで憤懣やるかたなく、弥太郎は奉行所の白壁に、

「官以賄賂成　獄因愛憎決（官は賄賂をもって成り、獄因は愛憎に決す）」

と大書して立ち去ったのである。

「奉行所の役人は賄賂をもらっており、愛憎によって裁決を左右している」といった意味だ。奉行所に堂々と楯突くなど、まさに御上を恐れぬ不敵な行為である。

だが奉行所は、弥太郎の仕業と知りながら処罰せず、落書きを消した。

ところが、である。

なんと弥太郎は、再び奉行所の柱に同じ文言を黒々と書きつけたのである。

いくらなんでも、執拗で不遜な振る舞いだった。そこで今度は奉行所も看過せず、弥太郎に入牢を命じたのである。

弥太郎のこうした資質は、おそらく父の弥次郎から受け継いだものだろう。渋沢栄一同様、権力の不条理に抗う性格が岩崎弥太郎を大成させたのだと思う。しかし一方で、その資質が弥太郎を何度も困難に突き落とすことになっていった。

## 天国から地獄へ落ちた弥太郎

さて、牢にぶちこまれてしまった弥太郎のその後について筆をすすめていこう。

何とも滑稽なことだが、牢内に入って初めて弥太郎は己の短気を深く後悔する。

あまりに牢獄生活が苦痛だったのである。とくに学問ができなくなったことに耐えられない。書物や筆記用具の差し入れも許されず、外部との手紙のやりとりも禁止されたという。そこで弥太郎は、牢に出入りする弁当屋に頼み込んで、家族からの手紙を餅の中に丸めて運ばせたり、弁当の箸に爪や血で文字を書いたりして連絡をとった。ただ、時には手紙を書くことも認められたようで、獄中から出した数通の弥太郎の手紙が残っている。

そのうち両親に宛てた一通には、

「とにかく早く牢から出してください。自分勝手なことを言うなとお怒りになるかもしれませんが、お願いします。もちろん、父に対する庄屋の仕打ちを忘れたわけではありません。でも、このままこんな所でうかうかと日を送りたくはないのです。早く出獄して江戸に戻って勉励し、出世してやつらを見返してやる覚悟です。だからどうぞ一刻も早くここから出してください」

そんな泣き言が延々と書き連ねてある。あまりに節操がなく、ある意味、微笑ましくさえ思えてくる。

いずれにせよ、将来、自分と対立した者を見返し、必ず出世するのだという弥太郎の大志は、不思議なことに渋沢栄一の逸話とピタリと重なって見える。

そんな弥太郎ゆえ、入牢中も無為に時間をつぶしはしなかった。

同室の囚人に魚梁瀬《やなせ》村の樵《きこり》がいて、なぜか算術が得意だった。これを知った弥太郎は、樵に頼みこんで算盤や商売のやり方を学んだというのだ。もちろん、それほど高等なものではなかったと思われるが、弥太郎は彼に感謝し、

「俺が他日、出世したならあんたに盛相《もつそう》一杯の金を与えよう」

と約束したという。

後日談としてのちに弥太郎が海運王に成り上がったとき、その樵を見つけ出し、人を遣わして「昔の約束だ。金を取りに来てほしい」、そう伝えたという。

樵は、金をもらいに来なかったというが、いずれにせよ、どんな過酷な環境にあっても学問に対する熱意を失わなかった弥太郎、そんな人物だからこそ、のちに大成できたのであろう。

# 三、両雄の大きな転機

## やはり家業に専念できない栄一

十四歳のとき栄一は、父の諫めにより読書三昧の生活を断ちきり、父を手伝って家業に精を出しはじめた。それからは別項で話した藍の買い集めでの逸話のように、急速に渋沢家の跡取りとしてふさわしい手腕を見せるようになった。

たとえば、こんな話がある。

藍玉の名産地はいうまでもなく阿波（徳島県）だが、栄一はこの地域に負けない品質のものをつくるのだと意気込み、渋沢家と取引をしている藍農家の品質番付表（ランキング表）を作成した。そして、あるとき取引先一同を自宅に集めて饗応したが、そのさいの席次は番付に応じて定め、最高品質の藍を提供してくれた農民を上座にすえ、競争心をあおったのである。

このような工夫によって、渋沢家の家業は発展を見せ、商売の面白さを知った栄一は十九歳のときに、師の尾高惇忠の妹千代（十八歳）と結婚して身を固め、一時はそのまま父と同じ道を歩もうと決意した。

しかし、時代がそれを許さなかったのである。

時は、幕末の激動期。江戸幕府はペリーによって開国を余儀なくされ、列強諸国との貿易がはじまると、生糸や茶などの輸出品を中心に諸物価が高騰し、人びとの生活は苦しくなっていった。そうしたこともあって、外国人を排除しようという攘夷思想が高まり、外国公使館が林立する江戸では外国人襲撃事件が頻発するようになった。

江戸近郊の農家に育った栄一ゆえ、こうした渦のなかに否応なく巻き込まれていった。コロナ禍でもわかるとおり、私たちは時勢とは無縁で生きていくことは不可能なのである。

栄一を焚きつけたのは、師の尾高惇忠の弟・長七郎だった。栄一より二つ年上だったが、身体が大きいことから江戸に出て剣術を学んでいた。代表的な江戸の剣術道場には、桂小五郎のような志士たちが諸藩から集まっており、長七郎も彼らと交わるうちに尊攘思想に染まり、栄一のところに仲間を連れてきては、「しきりに慷慨憂世《こうがいゆうせい》の談論をするという有様」（『雨夜譚』）になったのである。

そうなってくると栄一も、「このまま田舎に百姓をして居ることは成し得られぬ」（前掲書）という気持ちがわき起こり、とうとう文久元年（一八六一）に「ドウカ自分も江戸へ出たい」（前掲書）と父の市郎右衛門に相談したのである。

しかし、これを聞いた市郎右衛門からは、「今家業を打ち棄てて本を読むために江戸に出ていくのは困る。家のことを粗略にするな」とさんざん戒められた。

岩崎弥太郎の場合、そんな親の反対を無視して江戸へ向かう奥宮の従者にしてもらい、郡奉行所で江戸行きの許可を勝手に取ってから、親に事後承諾させた。このとき栄一は、遊学時の弥太郎と同じ二十一歳だった。

では、栄一はどうしたのか？

彼は弥太郎のような強引なやり方はせず、父に納得できる妥協案を提示したのである。「江戸に遊学するといっても、長々といるつもりはなく、春先の農閑期に二カ月だけ出府して本を読むつもりです」と理解を求めたのである。そんな程度の短期遊学であれば、さすがに市郎右衛門も了承せざるをえない。

既成事実をつくって自分の意志を押し通す弥太郎、相手が折り合える条件を提示して実現を目指す栄一、すでにこの段階で、のちの経営手法の違いがはっきり見えていて大変興味深い。

こうして市郎右衛門の承諾を得た栄一は、江戸に出て海保漁村の私塾「掃葉軒」に入り、さらに北辰一刀流の玄武館（千葉周作が開設。神田於玉ヶ池にあった）で剣術を習いはじめたのだった。

ちなみに、栄一の江戸遊学は、弥太郎に遅れることおよそ六年半であった。たった数年の違いと言うなかれ、江戸市中は六年前とは大きく雰囲気が変貌していたのである。

そのあたりのことや、栄一の本当の遊学目的については次で詳しく語ろう。

## 緊迫する江戸に栄一が遊学した理由

岩崎弥太郎が江戸に遊学したのは、嘉永七年（一八五四）九月のことである。

じつは一年前に同じ土佐藩の坂本龍馬が江戸に来ていた。

龍馬は剣術修行のためにやって来たのだ。流派は、渋沢栄一と同じ北辰一刀流。ただ、道場は於玉ヶ池ではなく、桶町（周作の弟・定吉の桶町道場）だった。

たまたま江戸に滞在中、龍馬はペリーの来航騒動に巻き込まれている。浦賀に来たペリーだが、多数の短艇を江戸湾深くに送り込んで測量をはじめ、護衛として蒸気船一隻も遣わしたのである。

品川沖に巨大な黒船の姿を認めた幕府は大いに驚き、ただちに諸大名に対して江戸湾の警備を命じた。このとき龍馬も土佐藩に駆り出されたのだが、父親に宛てて「異人の首を取って参ります」という物騒な手紙を送っている。つまり、アメリカと戦争になると考えていたのである。

このように十九歳の龍馬に与えたペリー・インパクトは絶大で、翌年、土佐に戻った龍馬は知識人の河田小龍のもとを訪ねた。河田は、藩から漂流民としてアメリカへ渡ったジョン万次郎の聞き取り調査を任された人物。

黒船を目の当たりにした龍馬は、どうしたら列強諸国を日本から追い払うことができるかを真剣に悩んだすえ、相談のため河田のもとにやって来たのだ。このとき河田は、「アメリカのように、強大な海軍をつくるべきだ」と解決策を提示した。結果、それが龍馬の生涯の目標となったのである。

龍馬にとって、それほど江戸遊学は得がたい体験だったわけだ。もし坂本龍馬が嘉永六年（一八五三）に江戸にいなければ、歴史上の人物にならなかったろう。私はそう確信している。

一方、そんな龍馬とわずか一年違いで江戸にやって来た弥太郎だったが、前年とは市中のムードはまったく異なっていた。無事に日米和親条約が結ばれて武力衝突は回避され、すでに黒船艦隊も日本から去った後だったからだ。

それにまだ、列強諸国との貿易もはじまっていない。通商交渉のために総領事ハリスが下田にやって来るのは二年後のこと。だから、弥太郎が来た頃の江戸は落ちついた雰囲気が漂い、学者を目指した弥太郎ゆえ勉学に専念することができたはず。逆にあと一年早かったら、龍馬と同じ危機感を共有していた可能性もある。

いっぽう、栄一と同じ六年後の江戸に来たなら、やはり、尊皇攘夷の思想に大きく影響されたことだろう。幕末に弥太郎が政治運動にまったく関心を示さず、商務に専念していたのは、性格もあったろうが、江戸で過激思想に直接触れなかったのも一因だと思う。

さて、弥太郎が去ってから六年後の江戸である。

すでに悠長な雰囲気は一変してしまっていた。

盛んになった横浜での貿易のために物価が高騰、しかも各国の公使館が江戸に置かれて外国人が闊歩するようになった。その結果として尊攘論が高まり、この政治運動を押さえつけようとする幕府への不満もあって、大老の井伊直弼が襲われて殺され、幕府の威信は失墜していたのである。

そんな江戸に栄一が遊学したのは、父に告げたように、本が読みたいわけでも学問をしたいわけでもなかった。

「天下の有志に交際して、才能・芸術のあるものを己れの味方に引入れようという考えで、早くいって見れば、かの由井正雪《ゆいしょうせつ》が謀反《むほん》を起す時に能《よ》く似て居た」「読書・撃剣などを修行する人の中には、自然とよい人物があるものだから、抜群の人々を撰んでついに己れの友達にして、ソウシテ何か事ある時に、その用に充《あて》るために今日から用意して置かんければならぬという考えであった」（『雨夜譚』）

驚くべき不穏な言葉であるが、まさしく渋沢栄一は由井正雪になろうとしていたのである。

## 横浜にいる外国人を皆殺しに

後年、『論語』を座右の書とし、仁徳が服を着て歩いているような平和主義者であった渋沢栄一だが、二十代前半は驚くような過激な考え方を持っていたのだ。

もともと代官との御用金の逸話に見られるように、権力に対する不条理を憤る、いわゆる、反骨精神のかたまりのような性格だったが、江戸で尊攘運動に接したことが触媒となって、さらに過激な人間に変貌を遂げたのである。

栄一は師の尾高惇忠と渋沢喜作（栄一の従兄）とはかり、文久三年（一八六三）の冬至を期して、横浜にいる外国人たちを皆殺しにしようと計画する。

驚くべきは、今の幕府では攘夷を実現できないから、「幕府の保ち得られぬというような一大異変を起す」（『雨夜譚』）、すなわち、倒幕まで視野に入れていたことである。

ただし、その計画はまことに単純だった。

武器や甲冑を集め、仲間とともに高崎城を乗っ取ってさらに武器を強奪し、そのまま鎌倉街道を通って横浜の居留地へ乱入するというものだった。

横浜へ攻め込めば、外国人は兵力をもって反撃に出る。そうなれば戦争となり、幕府は敗北して政権は転覆する。これにかわって国政をとる英雄が現れると信じたのだ。

後年栄一は「不向見《むこうみず》の野蛮な考えであって、今から見ると、まことに笑うべき話」（『前掲書』）と猛省しているが、当時は真剣だった。

藍玉販売の収益をごまかし、その資金を元手にして刀や鎖帷子、提灯などを買い集め、九月には江戸へ行って大勢に声をかけ、六十九人もの人数を集めた。そして十月、それぞれの具体的な役割分担も定めた。

この計画が実行されたら、首謀者の自分は処刑される。それは栄一も覚悟のうえだった。ただ、その罪が家族に及ぶことはどうしても避けたかった。

そこで栄一は、九月の月見の宴のさい惇忠と喜作を自宅に招き、父の市郎右衛門とともに酒を飲み、その席でそれとなく父に「自分を勘当してもらいたい」と告げたのである。

驚いたのは市郎右衛門である。あまりに唐突だったからだ。市郎右衛門は、江戸で出会った怪しげな連中と栄一が繁く交際していることを知っていた。よく自宅にも連れてきて、熱い議論をかわしているのを見ていたからだ。

だが、まさかこんな過激な策謀を立てていようとは、夢にも思っていない。

もちろん、栄一もそれに関しては匂わせることすらしていない。もしそんなことをして、大事が漏れたら、これまでの苦労は水泡に帰すからだ。

いずれにせよ、唐突に縁を切ってほしいという息子の言葉に、市郎右衛門は大いにとまどった。当然、すぐに首を縦にふれるはずもない。

だが、栄一としては、何としても勘当してもらわねばならない。だから、

「天下は近いうちに乱れます。農民だからと、のんびりしているときではありません。今から乱世にそなえ、行動する覚悟をしたいのです。どうか勘当していただきたい」

そう押して頼み込み、得意の『論語』や『孟子』の言葉を引用しつつ、幕府のだらしなさを力説し、「世が乱れたとき自分は家を捨てて動きたいのだ」と懇々と説得した。

もちろん、市郎右衛門は納得せず、議論は堂々巡りとなった。

そのときの様子は栄一の自伝『雨夜譚』に詳しく書かれているが、この攘夷計画は若者にありがちな無謀なもくろみに過ぎない。

むしろ私が心を動かされたのは、市郎右衛門の農民としての決意である。唐突に勘当を申し入れた息子に対して、市郎右衛門は次のように言った。

「農民に生まれたのだから、どこまでも農民であるべきだ。たとえ時勢がどうなろうと、私は麦をつくって世をおくる。たとえ政府がダメであろうと、役人が無理難題を言おうと、私は甘んじてそれに服従して生きていくつもりだ」

ここに私は、市郎右衛門の農民としての覚悟を見た気がする。やはり、一代で家を盛り返しただけのことはある。

最終的に市郎右衛門は、息子に根負けした。栄一が家から離れ、自由に行動することを許してやったのである。

こうしていよいよ計画を実行しようとする直前、どうやら京都の情勢が激変したという風聞が栄一の耳に届いたようだ。

というのは、京都にいる従兄の尾高長七郎（惇忠の弟）に加勢を求めるとともに、京都の状況を知らせてほしいと記した手紙を送っているからだ。

じつは当時の京都は、長州藩士を中心とする尊攘派が急進的公家とともに朝廷の実権を握り、将軍家茂《いえもち》に上洛を強要したうえで、「文久三年（一八六三）五月十日をもって攘夷を決行せよ」という命令まで出させていた。まさに尊攘派の天下だったわけだ。

ところが、である。この状況を危惧した公武合体派の会津藩と薩摩藩が、クーデターを起こして朝廷から長州勢力を排除したのである。世にいう八月十八日の政変だ。

その直前、公卿の中山忠光を奉じて吉村虎太郎を首魁とする天誅組が大和五条で挙兵し、幕府の代官所を襲撃した。が、幕府方諸藩の攻撃を受けて瓦解してしまっていた。

このように、八月中に京都の情勢は一変していたのである。

なのに栄一の手紙には、「横浜の異人を皆殺しにするから京都から仲間を大勢連れてこい」とある。驚いた長七郎は、十月末に江戸に戻り、さらに栄一のもとに駆け込んで、京都で尊攘派が壊滅した経緯を語り、襲撃計画の中止を強く求めたのである。

栄一は激しく反発したが、長七郎は「素人集団が蜂起しても諸藩の兵にただちに征伐され、百姓一揆同様、幕吏の辱《はずかし》めを受け、空しく刑場の露と消えるだけだ」と何度も力説した。

ここにおいて栄一も長七郎に理があると悟り、ついに攘夷決行を断念したのである。

もし暴挙を断行していたら、首謀者である栄一の極刑は免れず、のちに大実業家になることもなかった。そういった意味では、攘夷の挫折が結果的に栄一の未来を開いたわけだ。

## 出獄と邂逅

さて、話を岩崎弥太郎のほうに戻そう。奉行所に楯突いて牢獄にぶちこまれてしまった弥太郎だったが、安政四年（一八五七）一月二十日、親類縁者の力を借りて七カ月ぶりに出獄することができた。

ちなみに庄屋の弥次郎に対する暴力事件についても再調査がおこなわれ、結果、岩崎家も庄屋の島田家も藩から家名を削除されることになった。喧嘩両成敗に裁定が下ったのだ。また、島田に味方し、弥次郎に不利な証言をした分家の岩崎鐵吾は、村の年寄役を罷免。同じく分家の岩崎寅之助も納所（年貢取り立て役）をはずされた。

少しはこれで弥太郎も気が晴れただろう。しかし、生家にお預けとなっていた弥太郎は、同年四月、奉行所から「井ノ口村からの退去、並びに高知城下への立ち入り禁止」を通告され、故郷を去って神田村の近藤楠七（甲藤《かっとう》楠作との説もある）宅に仮寓することになった。

なお、実家の岩崎家は、一年以上続く訴訟のため財産は底を尽き、暴行を受けた弥次郎が身体不自由で働けないため、赤貧状態に陥ってしまっていた。弥太郎にとって、そんなときに村から離れるのは忸怩《じくじ》たる思いだっただろう。

ただ、この頃の弥太郎は、江戸遊学の知識を活かして、少年たちに漢学を教えはじめていた。土佐藩の参政だった吉田東洋と知りあったのは、おそらくこの時期のことと思われる。

東洋の甥である後藤象二郎が、弥太郎の秀才ぶりを耳にし、詩の代作を頼んだことで知りあったという説や、長濱村の詩人・月暁《げつきよう》が弥太郎のすぐれた漢詩を東洋に見せたことがきっかけだったという説があるが、いずれにしても、弥太郎は吉田東洋が主宰する少林塾に出入りするようになった。

土佐藩主・山内容堂から参政（仕置役）に登用され、政務をになっていた東洋だが、安政元年（一八五四）、酒の席での狼藉により、蟄居処分となっていた。

容堂の親類である松下嘉兵衛（三千石の旗本）を殴り倒したのである。酔っぱらった嘉兵衛が、藩の重臣たちの頭をこづきはじめた。やがて東洋の頭に手を置こうとした瞬間、東洋は拳で嘉兵衛をしたたか殴りつけたのだ。

さすがに容堂もその場で東洋を叱り、席を立ってしまった。

後日、この狼藉により、東洋は藩庁から家禄を召し上げられ、長濱村に蟄居処分となったのである。以後、東洋は蟄居先で塾を開き、甥の後藤象二郎や福岡孝弟《たかちか》といった青少年たちを熱心に指導していた。

安政四年（一八五七）十二月、弥太郎は完全に赦免となったが、同時期に東洋も許され、翌年に参政に復帰した。そのつてで安政六年（一八五九）六月、二十六歳の弥太郎は郷廻《ごうまわり》に任命された。

この職は郡《こおり》奉行に属し農村を巡察する仕事だったが、下級の役人とはいえ、地下浪人の弥太郎にとっては大抜擢だった。

それからまもなく弥太郎は長崎への出張を命じられた。江戸時代を通じての国際港である長崎では、中国人やオランダ人との交易がおこなわれていたが、前年、列強諸国との通商条約が締結され、イギリスやフランスなどの外国商人がいよいよ居留地に商館を構え、大々的な貿易がはじまろうとしていた。

土佐藩では国産品を諸外国に輸出する計画を立てており、そのための情報収集が出張の目的だった。

弥太郎は、上士の下許武兵衛とともに長崎に赴き、漢学者、蘭方医、西洋砲術家、唐通事（通訳）、清国やオランダ、イギリスの商人など、多くの人びととの接触をはかった。有名なドイツ人医師のシーボルトや医師の松本良順とも接見、外国の蒸気船にも試乗している。

だが、滞在五カ月目にして、突如、藩庁に退職を申し出て、勝手に土佐に帰ってきてしまったのである。

「私はこの大任を全うできません。蟹が横向きに歩くような外国語は理解できず、商人たちは金銭以外にまったく興味がない。幕府の役人や通事の能力が低く、とてもお役目は果たせません」

そんなふうに弥太郎は、書簡で吉田東洋に苦しい弁解をしている。

だが、本当の理由は、まったく別のところにあった。

弥太郎の日記を見ると、ほぼ毎日、遊郭が建ち並ぶ丸山に通っていることがわかる。

さらに日記には、「読書に身が入らず、自分ではもう丸山通いはやめようと思うのだが、仲間が誘いに来ると、木石ではないので、ついつい登楼してしまう。それでも女とは枕を共にしないと誓うのだが、いつの間にか同衾《どうきん》している。本当に情けなく、藩や両親に申し訳ない」と記されている。

このように、長崎の歓楽街で酒と女にうつつを抜かすうち、ついに、土佐藩から給付されていた公金にまで手をつけてしまったのである。その額は百両に及んだという。

帰国した弥太郎は、安芸浦町の升屋（酒造家）に頼み込んで大金を借り、使い込み分を弁済したものの、当然、藩の役職を解雇された。

それからしばらくは、実家の田畑を耕して暮らしていたが、翌文久元年（一八六一）、高知城下（福井村）の吉村喜久次《きくじ》の家に寄宿するようになった。吉村家は、姉はつの嫁ぎ先だった。さらに親戚から郷士株（武士の権利）を買って士分に復帰、藩の家老・福岡宮《く》内《ない》（孝茂《たかしげ》）の御預郷士となった。とても金があったとは思えないから、おそらく吉田東洋一派が陰で支援してくれたのだと思う。

翌年、二十九歳で弥太郎は、長岡郡三和村の郷士・高芝重春の次女で十七歳の喜勢《きせ》と結婚。長崎で失態を犯したものの、参政・吉田東洋のバックアップを受け、弥太郎はきっと、これから順風満帆の人生が待ち受けているように思えたことであろう。

だが、運命はあまりに残酷だった。

## 突如暗転する人生を好転させる

文久二年（一八六二）四月八日、突如、師匠の吉田東洋が暗殺されたのである。

土佐勤皇党（尊攘派）の首領・武市半平太によって、那須信吾、安岡嘉《か》助《すけ》、大石団蔵という三人の刺客団が組織され、夜中に帰宅する東洋を待ち受け、斬殺したのである。

東洋は、開国して海軍を強大にし、各地で交易を広く展開して土佐藩を富まそうと考えており、天皇・皇室を尊崇し外国人を排斥しようとする尊攘派と対立していたのである。

いっぽうで東洋は、藩内の門閥・重臣層にも忌避されていた。彼らの多くが藩の急激な変革を嫌う保守派だったからだ。

そんな尊攘派（土佐勤皇党）と保守派（門閥・重臣層）が密かに手を握り、東洋の暗殺が実行に移されたのだ。

これにより藩の中枢にいた東洋一派は次々と失脚し、権力は保守派と尊攘派が握った。

だが、弥太郎は下っ端役人だったためか失脚を免れ、同年六月には藩主の山内豊範の江戸参勤に随行することになった。

このとき弥太郎は、下横目（警察官）井上佐市郎と東洋暗殺犯を探索するが、命の危険を感じたのか勝手に隊列を離れてしまい、帰国を命ぜられている。なお、井上佐市郎は大坂で土佐勤皇党の連中になぶり殺しにされた。そういった意味では、運良く殺される危機を逃れたのかもしれない。

こうして免職となった弥太郎だが、心機一転、家の立て直しに精を出しはじめる。

安芸川両岸の荒地の開拓をはじめ、わずか一年間で一町もの土地を開き、洪水の被害から新田を守る堤も構築する。また、新たな畑地を開墾して綿を栽培するようになった。

さらに、香美郡片地山（官有林）の伐採許可を藩から得て、薪炭をつくって商人へ卸しはじめたのである。こうして岩崎家の収入は短期間で好転。この間、長女の春路と長男の久弥も生まれた。

こうした弥太郎の行動を見て私が思うのは、結局、「出世する人は、どんな場所や境遇に置かれても、やはり成功するのではないか」ということだ。

この後、弥太郎は藩に再登用され重役になっていくが、おそらくそうなっていなくても、きっと農業経営で大成功をおさめていたと考える。

じつは渋沢栄一も、こんなことを言っている。

「智慧《ちえ》が足らぬところから逆境を招致し、それと反対の智慧もあり、事物に考慮が深く、場合に適応した行《や》り方をする人が順境に立つは自然の理である。してみれば、特別に順境とか逆境とかいうものが、この世の中に存在しておるのではなく」「順境といい逆境というとも、すべて人々の心掛けによって造りなされるものである」「その人は官にあると、野にあるとを問わず、必ず言行われ、業成り、終《つい》には富貴栄達を得らるるようになる。しかるに、この人の身分地位を側面から見ておる世人は、一も二も無く彼を順境の人と思うであろうが、実は順境でも逆境でもなく、その人自らの力で左様いう境遇を造り出したに過ぎぬのである」（渋沢栄一著『渋沢百訓　論語・人生・経営』角川ソフィア文庫）

栄一がこう言うように、成功する人間の共通点は、環境や他人のせいにせず、己の知恵をしぼって発展的な努力を持続できるか否かにあるということなのだろう。

# 第二章　幕末における経済官僚としての栄一と弥太郎

# 一、武士になり財政再建を成功させた渋沢栄一

## 京都へ逃亡したものの窮地に立つ栄一

攘夷計画を中止した栄一だが、多くの人数が関わっていたことで、もはや幕府への露見は時間の問題だと考えた。このため栄一は、渋沢喜作とともに故郷から逃亡をはかることにした。行き先は、政局の中心となっていた京都だった。

ただ、宿場や関所で怪しまれないよう、逃避行のさい平岡円四郎の力を借りることにした。円四郎は、一橋慶喜の用人（重役）だったが、若い書生たちを招いて話を聞くのが好きで、栄一もたびたびその屋敷を訪問していた。

当時、円四郎は将軍後見職（将軍の補佐役）をしていた慶喜とともに京都の地にあったが、栄一は道中の安全をはかるため円四郎の妻に平岡家の家来を名乗る許可をもらった、そう回想（『雨夜譚』）している。かつて円四郎からも「一橋家の家来にならないか」と誘わ

れていたともいう。

だが、おそらくそれは記憶違いではなかろうか。

一橋家の重臣の妻が、怪しげな男たちに夫の承諾なしに名を貸すとは到底思えないからだ。おそらく、勝手に平岡家の臣と称して京都まで上ってきたのだろう。

出立前、栄一は暴挙計画について、正直に父親の市郎右衛門に打ち明けた。市郎右衛門は家を離れるという栄一を非常に心配し、彼が求めるまま、百両の大金を与えたのである。

こうして無事に京都にたどりついた栄一と喜作だったが、あちこちの志士たちを訪ね歩いたものの、すでに尊攘派は失脚して朝廷は公武合体派に牛耳られてしまっており、数カ月前の熱狂が嘘のように尊攘派の勢いはしぼんでしまっていた。このため為すことなく、伊勢参りをするなどして日を送るうち、わずか一月ばかりで金も尽きはじめた。

そんなとき、衝撃的な出来事が起こったのである。

元治元年（一八六四）二月、江戸に残った尾高長七郎が、一通の手紙を獄中から栄一たちによこした。そこには、仲間二人と江戸へ向かう途中、長七郎が何かの間違い（実際は殺傷事件を起こした）で役人に捕まり、そのとき栄一たちからの「例の手紙」を所持しており、それを役人に取り上げられたことが書かれていたのである。

栄一と喜作は、愕然とした。なぜなら、その「例の手紙」というのは、決して幕府の役人に知られてはならない内容だったからだ。

そこには、「京都は有志の人が多いので、ぜひとも貴兄もすぐに京都に来るべきだ。もう幕府は潰れるだろうから、私たちが国家のために力をつくすのはまさに今だ」、そんな極めて危険な文言が並んでいたのである。

この事実を知った栄一と喜作は、大いに動揺し、今後について夜を徹して話し合ったが、ついに結論は出なかった。

翌朝、平岡円四郎から相談したいことがあると呼び出しを受けた。

栄一たちは京都に来てから何度も円四郎のもとを訪ねていたが、その日、一橋邸に出向いてみると、明らかに円四郎の様子が異なっていた。

「さては、手紙の件がばれたか」

とっさに栄一は悟ったことだろう。

いつもとは違う部屋に通された栄一と喜作は、円四郎からいきなり「これまで江戸で何か計画した事があるなら包まずに語れ」（『雨夜譚』）とズバリ尋ねられた。

はじめ栄一はとぼけたが、平岡は「足下らの事について幕府から一橋へ懸合《かけあい》が来た、僕も足下らとは別段に懇意の間であり足下らの気質も十分知って居るから、必ず悪くは計らわぬ、何事も包まずに話をしてくれ」（前掲書）とさらに迫ってきたのだ。

栄一は、もはやシラを切り通すのは無理だと観念した。

円四郎は一を聞いて十を知る才人で、他人の顔色を見ただけで、どんな用件で来たのかを察する能力があった。だからこそ、小禄の幕府の旗本からわずか数年で慶喜の右腕に成り上がることができたのである。

栄一は例の手紙の件だけではなく、「私どもは幕府が政《まつりごと》を失って居るから、ただいまの幕政で天下を支配する間はとうてい日本国が行き立つ見込みはないという処から、早くこれを顚覆《てんぷく》せんければ御国の衰微を増長させるに違いないという持論であります」（前掲書）と、倒幕の志まですべて洗いざらいしゃべってしまった。

すると円四郎は、「おまえたちは、人を殺して財布を盗ったことがあるか。あるなら言ってくれ」と顔色を変えずに尋ねてきた。

驚いた栄一は、「物を取るために人を殺そうと思ったことなどは毛頭ござりませぬ、ただ義のために殺そうとか、あるいは彼は奸物《かんぶつ》だ、捨置けぬなどという考えはいたしたこともありますが、それもまだ手を下したことはありませぬ」（前掲書）と色をなして反論した。

すると円四郎は、「ならば一橋の家臣になってはどうだ」と思わぬ誘いをかけてきたのである。

## 初対面で慶喜に意見する栄一

円四郎が栄一と喜作のような農民を一橋家に仕官させようとしたのにはワケがあった。この時期の一橋家は、人を大量に雇用する必要に迫られていたのだ。

慶喜は、水戸藩主・徳川斉昭《なりあき》の子であり、幼年時代より聡明を謳われ、御三卿の一橋家を継ぎ、一時は十四代将軍の候補となった。しかし、大老の井伊直弼が紀州藩主・慶福《よしとみ》（のちの将軍家茂）を後継者とし、安政の大獄で慶喜は処罰されて逼塞させられてしまう。

その後、井伊は桜田門外で殺され、ようやく文久二年（一八六二）に慶喜は復権を果たし、将軍後見職に登用される。翌年、将軍家茂が朝廷の要求で上洛するにあたり、これに先んじて京都にのぼり朝廷との交渉にあたった。

その後、八月十八日の政変で公武合体派が朝廷の実権を握ると、孝明天皇の信頼を受け、京都守護職の松平容保《かたもり》（会津藩主）と結んで朝廷で大きな力をふるうようになった。

ちょうど栄一が京都にやって来た頃の元治元年（一八六四）の三月には、将軍後見職を辞任し、朝廷から禁裏守衛総督に任命されている。研究者のなかには、この時期の慶喜は、江戸の幕府とは別個の政治権力を有するようになったと論じる人もいるほどだ。

まさに飛ぶ鳥を落とす勢いの一橋家は、拡大する慶喜の力に伴って、有能な士を各地から集める必要に迫られていたというわけである。

今に譬えるなら、たまたま頼った円四郎が、最高益を上げ業態を拡大しようとしている企業の重役だったわけだ。栄一は、運が良い。

ところが、一橋家への仕官を勧められた栄一は、「御見かけ通り素《す》寒貧《かんぴん》の一書生ではありますが、いやしくも出処進退に関係のある事で、ただいま軽率に御返答もしかねますから、なお篤《とく》と相談の上で否応《いやおう》の御請けをいたすことに願います」（『雨夜譚』）と返事を保留させてもらったのである。

だってそれは、そうだろう。一橋家（将軍吉宗の子孫から分かれた三つの家柄の一つ）は徳川宗家の親戚だが、他と違って独立した大名ではない。宗家から賄《まかな》い料十万石を与えられ、主たる家臣もみな幕府から派遣された者たちで構成されていた。いってみれば、本社からの出向社員で固められた子会社のような存在。ある意味、栄一はその本社を潰そうとしていた不穏分子なのだ。

だから宿所に戻った喜作は、「これまで幕府を潰すということを目的に奔走しながら、今日になってその支流の一橋に仕官するということになれば、とうとう活路が尽きて糊口《ここう》の工夫を設けたといわれる」（前掲書）と強く反対した。

だが、栄一としては、一橋家に仕官すれば幕府のお咎めを逃れられると考え、すでに一橋家の家臣になろうと決心していた。

そこで反対する喜作に対して、一橋家に仕官しないデメリットを丁寧にあげていった。

・首をくって死ねば、潔いとほめられるが、結局、世の中の役に立たずに終わる。
・まごまごしていれば、捕まって牢獄にぶちこまれる。
・もうすぐ金が無くなり、人に寄生して生きることになる。
・生活に困れば人の物を奪って生きる悪党になる。
・尊攘派の長州へ行っても面倒みてくれそうな知り合いがいない。

このように、考えられる可能性をすべてあげたうえで、それらを全否定したのである。

そして「卑屈といわれても糊口のために節を枉《ま》げたといわれても、それから先は自身の行為を以て赤心を表白」（『前掲書』）すればいいと述べた後、喜作の気持ちを軽くするため、「試みに一橋家へ奉公と出掛けて見ようじゃないか」（前掲書）と言ったのである。

「試みに」ということは、お試しという意味で、「やめたくなったらやめればいい」というニュアンスが含まれている。それに「出掛けて見ようじゃないか」という言葉は、芝居見物に行くような軽さがある。

　武家に仕官するという「一大事」をあえて、何でもないことのように巧みに誘導している手法がわかる。だが、喜作はそれでも首を縦にふらず、「江戸に戻って牢獄から尾高長七郎を出してやりたい。それが先決だ」とごねる。

　すると栄一は、「頼んですぐに出してくれるなら、はじめから長七郎を牢に入れるはずがないだろう。今の自分たちでは、出獄させることはできない。だが、考えてみろ。もし一橋家の家臣になれば、幕府の役人も我々を軽くあしらうことができず、うまく救い出せるかもしれないぞ」と言ったのだ。

　こうしてようやく喜作を説き伏せた栄一は、翌日、円四郎の申し出を受けたのである。ただ、仕官するにあたって、栄一は円四郎に二つの条件を付けた。意見書の提出と慶喜へのお目見えである。円四郎は、それを約束した。

　こうして栄一と喜作は、奥口番という屋敷の番人となった。その後すぐに用談所（外交をになう留守居役の役所にあたる）下役に転じた。この頃、円四郎の尽力によって栄一は内々に慶喜へのお目見えがかなった。

このとき栄一は臆することなく、次のように慶喜に提言した。

「幕府の命脈は尽き、近いうちに瓦解します。そうなれば一橋家も潰れます。徳川宗家を守るのであれば、遠く離れて助けるほかはありません。それには、天下の志士を集めることです。他日彼らは天下を乱すでしょうから、あらかじめ配下にしてしまえばよろしい。もしそのことで幕府が一橋家の行動に嫌疑をかけたなら、幕府を潰して徳川を再興するまでです」

なんとも大胆不敵な提言である。おそらくこれは、栄一が自分を印象づけるためのパフォーマンスだったと思う。人は第一印象で決まるから、初対面でどれだけ相手の脳裏に自分のことを焼き付けるかが大事なのである。

実際、栄一も「およそ人に使われる側の人の心としては、主人をしてなるべく永く使いたいと思わせるように、仕向けるのが何より大切である」（『渋沢百訓　論語・人生・経営』角川ソフィア文庫）と述べている。

まさに至言であろう。事実、初対面において栄一は、慶喜に切れ者の印象を与えることに成功したのだった。

## 恩人の死

その後、栄一は円四郎の手足となって率先して働いた。それでますます重宝され、関東人選御用という、関東各地から一橋の家臣を募る任務を与えられたのである。こうして関東で喜作とともに人集めをしている最中、京都から衝撃的な知らせが届いた。

なんと、自分たちを取り立ててくれた恩人の平岡円四郎が、尊攘派の水戸藩士たちに暗殺されたというのである。

これを知った栄一は、「懇切の世話になり、杖とも柱とも頼んで居る人がソウいう不慮の災難をうけたことであるから、その凶報を聞いた時には実に失望極まった。

せっかく一橋へ足を留めたけれども、未だ仕官して間もないうちに頼みに思う人が暗殺に逢うて死んだというは、さても心細い不運の境涯であるといくたびか歎息して居た」（『雨夜譚』）と述べており、気持ちが折れるとともに、円四郎の死によって自分たちの一橋家での立場が危うくなると感じた。

実際、岩崎弥太郎も取り立ててくれた吉田東洋が暗殺されると、反対派が藩政を握り、逼塞《ひっそく》の憂《う》き目を見ている。実力者の死や失脚が派閥全体の沈没につながるのは、一般的なことだった。栄一の不安は、決して杞憂ではなかったのである。

だからといって、お役目を途中で放り出すようなことはせず、栄一と喜作は、剣術家や漢学者を含めて五十人ほどを集め、彼らを伴って京都に戻ってきた。

結局、栄一はそのまま家臣の地位を保ち続けることができた。すでに一橋家にとって、必要な存在になりつつあったからだろう。さらにその後も栄一は、用人の黒川嘉兵衛や原市之進に重用された。最大の理由は、一橋家にあまり有能な家臣がいなかったことである。

栄一も次のように回想している。

「一橋家の役人になったころには、また先輩がみな馬鹿に見えたものであった。そのころの一橋家の役人は多く家柄から出たので、なかには少しばかり書物の読める者が無いでもなかったが、その読める者といっても、余の読書力に比すれば大同小異で、しかもそれらの人々は、代々その職における家に生まれて、相当の教育を受けながら漸《ようや》くその位であった。それゆえ、その他の者の馬鹿であったことはいうまでもない」（『渋沢百訓』）

ずいぶんとひどい言い方だが、こんな状況だったので、栄一は切れ者として一橋家で重宝されていたのである。

さて、禁裏守衛総督として朝廷で力を発揮しはじめた一橋慶喜だが、独立の大名ではないこともあって、ほとんど直属の兵力を持たなかった。

当時、軍事力の多寡は、朝廷でも政治的発言力を左右した。それに、いやしくも宮廷を防衛する禁裏守衛総督を拝命しているわけだから、兵備がないというのは何とも妙な話であった。

そこで栄一は、西国に散在する一橋領から農民を集めて軍隊をつくることを思い立ったのである。

じつは、ペリーが来航する以前より、伊豆韮山《にらやま》代官の江川太郎左衛門英龍《ひでたつ》が、海防の必要から農民を兵士として組織すべきことを幕府に献言していた。しかし十年以上経っても、幕府はその案を認めてこなかった。農民を兵士に取り立てるというのは、兵農分離の原則に反し、身分制度を崩壊させるもとになると考えたからだろう。

しかしながら、関東の治安の乱れが大きくなると、文久三年（一八六三）、地域の治安維持のため、武蔵や相模などの村々から農民を兵士として徴発、農兵隊が組織されたのである。ちょうど栄一が京都に逃亡した年にあたる。おそらく翌年、江戸で一橋家臣の募集活動をおこなったとき、誕生したばかりの農兵隊の活躍を見聞きしたのだと思われる。

そこで栄一は、元治二年（一八六五）三月、まずは用人の黒川嘉兵衛を説得し、その同意を得たうえで、直接、慶喜に謁見して農兵の件を話す許可を得た。

他人を通して献策するのではなく、直接、決定権を持つ組織のトップ（慶喜）に掛け合うというのが、栄一の流儀だった。

こうして数日後に慶喜に謁見した栄一は、軍事力増強の必要性を説いたうえで、「地方にいる代官などが領民たちに説いたところで立派な者を選ぶことができませんので、京都から直接家臣を派遣して各地の領民たちを納得させ、自ら進んで徴兵に応じるようにさせるべきです」と勧説した。そして慶喜がそれを了承すると、「さてその御用は不肖《ふしょう》ながら何卒《なにとぞ》私へ仰せ付けられるように願いたい、いかにも粉骨砕身して必ず相応の人を連れて来て兵備の御設けが速やかに立ち、各藩を凌駕《りょうが》するような立派な兵隊の出来ますようにいたします」（『雨夜譚』）と強く自薦したのである。

ずいぶん大した自信だが、栄一はとにかく主君の慶喜に認められたいのである。まさに、この時期の栄一は功名心のかたまりだった。だが、人間功名心がなければ、向上や進歩はないだろう。

栄一自身も「余は常に『功名心』は人生欠くべからざるの一機能であると考える」「この心が無ければ世に立つこともできなければ、国家を裨益《ひえき》することもできない。人生と功名心とは常時、離れられぬ関係をもっておるもので、もし仮にこれを棄てるならば、人間は遂に乾燥無味でなければ、自暴自棄に陥らなければ止まぬのである」（『渋沢百訓』）と述べている。

　こうして栄一は歩兵取立御用掛に任じられ、自ら一橋領をまわって募兵することになったのである。

## 募兵に苦労する栄一

　一橋家の領地は、関東に二万石、西国に八万石と、西国に集中していたものの、西国ではさらに摂津、和泉、播磨、備中と各地に分かれていた。まず栄一は備中で兵士を集めることに決め、陣屋がある江原《えばら》（現・井原《いばら》市）に行き、代官と面会して村々の庄屋たちを集めてもらい、その趣旨を述べて協力を求めた。そして以後は毎日、近隣から多くの農民たちを集め、栄一が自ら懇切丁寧に説明した。だが、その場で兵士に志願する者はまったく出ない。そこで「親切に話したり、また厳格に諭したり、手を代え品を代えて感動するようにと色々工夫を凝《こ》らしたけれども、やはり一人として応ずるものがない」（『雨夜譚』）。

　そのため、「これは村の庄屋たちが妨害しているのだ」と確信、作戦を変更したのだ。

栄一は庄屋たちに、近隣で尊敬されている学者と剣術家を尋ねた。

名があがった学者は阪谷朗廬《さかたにろうろ》であった。江戸で儒学を学んだのち私塾「桜渓《おうけい》塾」を開いて教えていたが、その名が高まったことで、一橋家の代官・友山勝次が郷校「興譲館」を開設したとき初代館長に任じられた地元の名士であった。

栄一はさっそく阪谷のもとを訪ね、酒を飲みかわしながら時勢を論じ、肝胆相照らす仲となった。同座して話を聞いていた門弟たちは、師匠と対等に議論できる栄一の教養の深さに感嘆したことだろう。さらに、興譲館の世話役で剣術家として鳴らしていた池田丹次郎と手合わせをして、見事、打ち負かしたのである。短期間とはいえ、千葉道場（玄武館）で北辰一刀流を習っていただけのことはある。

これによって近隣で、「渋沢というやつは、単なる俗吏ではなく、学問に造詣が深く、剣術が強い。あっぱれな人物である」という噂が立ちはじめた。さらに栄一は、興譲館の書生や農民たちとともに、地元で流行っている「鯛網」漁をおこなうなど、地元の人びとに親しむ努力をしたのだった。

すると、効果はてきめんに現れた。数日のあいだに五人の若者が農兵に応募してきたのだ。そこで栄一は、彼らにあえて志願書をしたためさせて提出させた。その下書きは、栄一が事前に用意したものである。

そして後日、備中領内のすべての庄屋数十人を江原役所に集め、先の志願書を彼らの前に突きつけ、「私はわずか数日で、このとおり五人の志願者を獲得した。なのに、数十カ村のなかで、いまだ一人の希望者もないというのはおかしいではないか。おそらくおまえたち庄屋が掣肘《せいちゅう》しているのだろう」と言い放ったのである。

それから、庄屋たちをにらみつけ、「乃公《おれ》をこれまでの一橋の家来のように普通一般の食禄を貪《むさぼ》って無事に安んじて居る役人と思うと大きな間違であるぞ、事と品によっては荘屋（庄屋）の十人や十五人を斬り殺すぐらいの事は何とも思わぬから、各方においても余りグズグズするとそのままには決して差置かれぬ」「代官であろうが荘屋であろうが毛頭容赦はしない、元来篤《あつ》く自信して自分からこの募兵の事を建言の上でこの責任を負うた以上は、成敗とともにこの一身を以て当る所存で居る」（『雨夜譚』）と恐喝するとともに、自分の覚悟を披露したのである。

わずか二年前に横浜の外国人を皆殺しにして幕府を倒そうとした男だ。その本気度は、庄屋たちにひしひしと伝わったことだろう。だから彼らはあっさり観念して、協力を誓ったのである。そして、自分たちに募兵に応じぬよう言い含めたのは、あろうことか江原役所の代官本人であることを告白したのだ。

そこで栄一は、すぐに代官のもとへ行き、素知らぬふりで「庄屋たちが募兵に応じる者がいないと申しておりますが、本当にいないのか、選び方が間違っているのか」と言った後、「貴殿平生の薫陶《くんとう》が悪いために一人の応募者もないのか、いずれどこかにその原因があるであろう、ついては貴殿も能《よ》く御熟考なさい」（『前掲書』）と、ズバリと指摘し、「重大な任務を受けてはるばるやって来たのに、できなかったら、その根拠を話さなければならない。そうなれば、場合によっては、あなたが代官の職に適《あ》わぬことを報告しなくてはいけなくなる」。そう自分より地位の高い一橋家の代官を脅したのである。

もう結果は言うまでもないと思うが、あわてた代官は再び庄屋たちを集めて募兵への協力を求めた。すると、続々と各村から応募があり、なんと四百五十人を超えたのである。

この功績により、栄一は慶喜からおほめの言葉と、白銀五枚に時服を頂戴した。だが、彼の功績はこれだけではなかった。西国の農村をめぐるうち、さまざまなことに気がついたのである。

## 一橋家の財政再建

普通の人は、与えられた仕事を予定どおりに仕上げるものだが、優秀な人は、与えられた仕事に全力集中し、予期された以上の成果を出す。だが、もっとすごい人は、与えられた仕事をしっかりやり遂げたうえ、その過程でさらなる課題を見つけ出し、それも同時にこなしてしまう。渋沢栄一は、もちろん後者であった。

農兵隊を組織するために西国へ出張しながら、「何か一橋家にプラスになることはないだろうか」と常に目を光らせていたのだ。

すると、「この瑣少《さしょう》なる領分ながらもそれぞれ仕法を立ててその富を益《ま》して、したがって一橋家の収納（収入）を多くするような工夫がありそうなものだから、その方へ力をいれて仕事した方が面白くはないかという考が起って来た」（『雨夜譚』）のである。

一橋領はそれほど広大な領地ではないが、各地をまわってみると、やり方によっては将来有望な事業をいくつも展開でき、一橋家の収益アップにつながりそうだと認識し、むしろそちらに力を入れてみたいと考えたのである。

ここが、栄一と他の一橋家臣の違いなのだ。しかも、すぐさま考えたことを実行に移すべく動いたのである。

それを述べる前に、少々余談になるが、ひとつ栄一の性格について語りたい。栄一は若い頃から、ものすごい合理的思考の持ち主だった。

今紹介したように、出張業務をこなしながら、藩の利益になりそうな事業を探す程度ならまだよい。驚くべきことに彼は、「二つの仕事を一度にやり上げる習慣をつくりたいと考え」（『渋沢百訓』）、実際に「読書しながら人の用談を聞くとか、手紙を書きながら他の用事を命ずる」（『前掲書』）といった練習を積んでいたのである。

明治初年の大蔵官僚時代に、こんな逸話がある。

鉄道の父といわれた井上勝《まさる》と、鉄道についての予算案を話し合ったとき、栄一は同時に大蔵省の章程草案を読んでいたのだ。

さすがにこれを見とがめた井上勝は、「君は全体人を馬鹿にしておる。人と話しながら物を読むのは、第一失礼じゃないか。それはまあいいとしても、それでは私のいうことが君に解りはすまい」（『前掲書』）と怒った。

当然の反応だろう。すると栄一は、井上の話したことをきちんと要約してみせたという。さすがにこれには井上も笑い出したというが、とにかく無駄を省き、いかに効率良く仕事をこなすかが、栄一にとっては大切だったことがわかる。

さて、話を元に戻そう。

西国の一橋領をめぐって、栄一が気づいたことは大きく三つあった。

一つは、播磨の品質の良い年貢米を委託された兵庫の商人（蔵方）が、それを安価で売却してしまっていたこと。同じく、播磨で生産された木綿も、何の工夫もなく大坂で販売していたことである。さらにもう一つ、備中では古い家の土から硝石をつくって商売している者がいたが、この事業に一橋家はまったく関与していなかったこと。

そこで栄一は、年貢米と木綿の販売方法の改善、硝石製造所の設置の三策を用人の黒川嘉兵衛に提言する。これを聞いた黒川ら重臣たちは、その提案に大いに賛同し、栄一を勘定組頭に任じて、その仕事を一任したのである。

これはまさしく大抜擢であった。

一橋家の財政をになうのが勘定所（職員数は百名以上）である。そのトップが勘定奉行（定員二名）。そして、そのすぐ下にいるのが栄一の就いた勘定組頭（定員三名）で、勘定所の要務を実質的に取り仕切っていた。そういった意味では、一橋家の重臣といってよいだろう。仕官からわずか二年ほどで、ここまで栄達したのである。いかに栄一が一橋家に評価されていたかがわかるだろう。

栄一は、自分の提案を実現させるためには、百名以上の勘定所の職員だけでなく、勘定

奉行の支配下にある地方行政を担当する代官所にも、計画の詳細を周知徹底する必要があると考えた。そこで、栄一は、

「奉行にも自分の考えを内話し、同役または配下の人々にも些《さ》細《さい》な事までこの取扱振りはこうしたら好かろう、この事はこう改正する方が好かろう、また甲の事務は乙の事務に合併して一局となし、丙《へい》の繁雑を分けて丁《ちよう》の閑職に加うれば執務上便利でもあり、道理に照らしてもまた正当である」（『雨夜譚』）

といったように、上司から同僚、部下にいたるまで、関係者すべてに事細かく計画を話し、逐一アドバイスを与えていったのである。この丁寧な説明による関係者との目標の共有化というスタンスは、実業家になってからも変わらなかった。

こうして三事業がスタートしたが、まず播磨の年貢米については、灘などの酒造家に高く売って儲けを出すルートを構築した。備中の硝石については、農兵の徴募で知りあった剣客の関根某が詳しいというので、彼を中心にして近くの庄屋たちの協力を得て四カ所に硝石製造所を建造させた。硝石は火薬の原料であり、幕末動乱の時代ゆえ、需要が高まっていた。栄一はそこに将来性を見出したのである。なお、完全な製品化に成功したなら、一橋家がすべて購入することを約束し、公的資金も投入した。

最後の播磨の白木綿だが、隣接する姫路の木綿は高値で取引されていたのに、一橋領の木綿は大坂で投げ売り状態だった。そこで領民に生産を奨励し、出来た品物は一橋家で高く買い取って大坂や江戸で販売することにした。ただ、金銀で買い上げるのではなく藩札を発行して、それを渡すことにしたのである。そして売り払った代金については、その多くを大坂の豪商に預けて利子を増やした。また、藩札の価値が落ちぬよう、換金がスムースにいくような仕組みを整えた。

これらの諸政策によって一橋家の財政は見事に好転したのである。

# 二、長崎貿易で土佐藩を支えた岩崎弥太郎

## 再び長崎へ向かう岩崎弥太郎

さて、栄一が京都に出て一橋家の家臣となって活躍しはじめた頃、岩崎弥太郎はひたすら農業に専念していた。だが、慶応元年（一八六五）八月になると、にわかに三郡奉行の下役（下級役人）に登用されたのである。

別項で述べたように、京都では尊攘派が失墜し、それに連動して土佐藩でも土佐勤皇党が失脚、かわって吉田東洋の甥・後藤象二郎らが実権を奪い返したのだ。

再び宮仕えをはじめた弥太郎は、まもなくして開成館の貨殖局《かしよくきよく》へ異動となった。

開成館は、慶応二年（一八六六）二月に新設された組織。軍艦・貨殖・勧業・捕鯨・税課・鉱山・火薬・鋳造・原泉（貨幣鋳造）・医（漢方）・訳（洋書翻訳）の各部局からなり、藩庁の財政、軍事、藩営事業などをになう巨大な機関であった。

この組織は吉田東洋の遺志を継いだ後藤象二郎が立ち上げたものだった。弥太郎が配属された貨殖局は、土佐の物産振興をはかり、それを外国へ輸出することを目的にした部署で、のちに長崎・大坂・兵庫にそれぞれ出張所を置くことになる。

ところが弥太郎は、「小鳥の餌《え》鉢《ばち》をこね回すようなせこい仕事だ」と放言し、わずか四十日で貨殖局を辞めてしまった。辞職の理由はよくわからないが、絶対折れない性格なので、人間関係に嫌気がさした可能性が高い。それに、もう官途に就かずとも、農業だけでやっていく自信があったのだろう。

ただ、それからおよそ一年後の慶応三年（一八六七）三月、弥太郎がたまたま同門で藩の重役・福岡孝弟《たかちか》の屋敷を訪ねたさい、いきなり長崎へ出張する孝弟の同行を求められたのだ。

すると弥太郎は、素直に同意したというのだ。

これに関しては諸説ある。

本当に偶然に福岡邸に立ち寄ったところ、孝弟から「明日、長崎に行くのだけれど、一緒に行かないか」と誘われ、弥太郎が承諾したという説。

参政の後藤象二郎の指示を受けた孝弟が「長崎行きを断ったら処罰するよ」と強引に脅

して同行させたという説。

ただ、いずれも納得しがたい。

農業に専念していた弥太郎が、仕事を捨ててふらりと長崎へ行くことは考えづらい。また、意固地な弥太郎が、脅されて言うことを聞くとも思えない。

おそらく、長崎出張中の参政・後藤象二郎が、弥太郎の商才を見込んで、孝弟を介して本人を呼び寄せたのだろう。頼りにされたら、嫌とは言えないのが弥太郎の性格だからだ。

象二郎は、すでに半年以上前から長崎を拠点にしており、上海へ赴いて軍艦を購入したり、土佐藩の貨殖局出張所（土佐商会）の開設準備に奔走したりしていた。その後、土佐商会を開くと、盛んに軍艦や武器の購入にあたった。象二郎は近く長崎を離れる予定だったので、経済に明るい弥太郎を長崎に招いたのではないかと思われる。

いずれにせよ、翌四月、弥太郎は再び長崎の地を踏んだのである。

久しぶりに弥太郎と再会した象二郎だが、土佐商会での弥太郎の仕事ぶりを高く評価した。翌五月二十六日の弥太郎の日記を見ると、「参政（象二郎）より当地之事一切無大小《だいしようとなく》、御委任被仰付《おおせつけられ》」（岩崎彌太郎岩崎彌之助傳記編纂會編『岩崎彌太郎日記』）とあり、象二郎から商会の仕事を一任されたことがわかる。さらに六月七日には「後藤より（土佐）商会ニテ一統之役人ヲ会《かい》シ云《いう》、当地之事一切彌太郎へ委任ナリ、何事も可取決《とりきめるべし》と云々《うんぬん》」（前掲書）とあるように、土佐商会の職員たちの前で、象二郎は「今後は弥太郎に仕事をすべて任せる」と宣言している。

しかし、このとき土佐商会は、すでに破綻の危機に瀕していたのである。ドイツ商人やイギリス商人から銃器や蒸気船を多く買ったものの、支払いが滞り、彼らへの借金が二十万両を超えていたのだ。というのは、土佐藩が輸出できる商品は主に樟脳《しょうのう》。鰹節や鯨油もあったが、その額はたかがしれており、貿易収支は完全な赤字になっていたのだ。

ある意味、体よく弥太郎は、象二郎たちから経営難の土佐商会をおしつけられたのかもしれない。

ただ、土佐藩としては採算を度外視してまで、早急に武器や艦船が欲しかったのだ。

第二次長州征討で幕府軍が敗れ、薩長倒幕派が勢いづいていた当時、土佐藩が佐幕か倒幕どちらに与するにせよ、近い将来戦争が起こるはず。だから有事にそなえておく必要があったのだ。

弥太郎が土佐商会の主任者になった後も、藩の重役たちは、艦船や武器・弾薬の購入をたびたび土佐商会に求めてきた。

そんなわけだから、いくら弥太郎が健全な経営をしようとしても、赤字体質から脱却するのは不可能だった。実際、弥太郎の努力にもかかわらず、慶応三年（一八六七）十二月の時点で十八万両の支払いが滞っていた。

## 弥太郎の手腕で維持された土佐商会

ただ、岩崎弥太郎のすごいところは、まったく金がないのに、藩庁の要求に応えてしまうところだった。

とにかく、売買の交渉術が見事なのだ。主な取引先は、外国商人だった。弥太郎の得意技は、接待であった。ちょっと、弥太郎の日記をのぞいてみよう。


「暮六ッより異人饗応、オールト附添《つきそい》二人、女二人都合五人、八ッまで」

「今日異人馳《ち》走《そう》いたす。芸子八人、舞児《まいこ》三人、一人二両づつ」

「今晩商会（土佐商会）にて異人ヒヨスオルス、女一人都合八人芸児十人にて饗応す」

「ヲロス商会へ引合ノ都合有之《これある》ニ付相招キ、於喜満楼饗応」（『岩崎彌太郎日記』）

どうだろう。おおよそ見当がつくと思うが、料理屋や遊郭に外国商人を招き、湯水のごとく金を使い、酒と女で彼らを籠絡しようとしていることがわかる。どうも外国商人は、この手の接待に弱かったようだ。

さらに、あたかも自分が有力者であるように、外国人に演出することもあった。

イギリス商人オールトと連れだって馬で散策に出かけたとき、うっかり両人は居留地の外へ出てしまった。外国人が居留地から出るのは、御法度である。

そこでオールトが「大丈夫かな」と心配すると、弥太郎は「大丈夫、私が責任をとります」と述べ、見張りの番所さえも平然と通り抜けようとしたのだ。

驚いたのは、番所にいた番士のほうである。

すぐに弥太郎たちを呼び止め、その場から引き返させようとした。

すると弥太郎は番士に向かって、

「御上は、外国人と争わぬよう布達を出しています。あなたがたもご存じですね。もし私たちを咎めたら、イギリス公使は長崎奉行所に抗議するでしょう。そうなれば、あなたがたの身の上もただではすみませんね。幸い、周りには誰もいません。今日はお見逃しくだされ。さすれば万事平穏です」

そうささやいたのである。もちろん番士たちも、事を荒立てたくはない。そこで「ごもっともの御思案」と述べ、二人の通行を黙認したのである。

オールトは、こうした弥太郎の胆力に感心し、それ以後、深く弥太郎を信頼するようになったという。

こうしたこともあり、「土佐藩を相手とするのではなく、弥太郎個人の信用によって取引をおこなう」と記したある外国商館との契約書が、岩崎家に現存するそうだ。

ただ、いくら信用があっても、藩の特産物がさしたる価値を持たないうえ、金もないでは経営は成り立たない。本来なら到底、外国人から商品を購入できない立場にあったはず。だから時には、かなり悪どい手を使わなくてはならなかった。

月賦で払うからと言って先に商品を納入させ、後になって「やはり商品は返します」と告げたり、月賦を滞らせ踏み倒すそぶりを見せたりして、元値を大幅に値切るといった詐欺まがいの商法をおこなった。

一例をあげよう。弥太郎は、土佐商会がプロシャのクニッフレル商会から購入した蒸気船の代価である樟脳や代金を納入しなかった。そこで怒ったクニッフレル商会が、船を差し押さえてしまう。

すると弥太郎は、「そんなことをするなら、もう船はいらない」と言い出したのである。仰天したクニッフレル商会は、プロシャ領事館を通して長崎奉行所に訴えた。このため弥太郎は奉行所に呼び出され、奉行所でプロシャ領事館の外交官と話し合うことになった。

このおり弥太郎は、プロシャの領事館員に「当方は必ず金を払うと申しているではないか。土佐の物産を売って、その金で支払うつもりだ」と述べた。

しかし領事館員は「クニッフレル商会より買い入れた蒸気船を返却するというのは契約違反。それにあなたは五月以来一銭も払っていない。完済の見込みはあるのか」と尋ねた。弥太郎は「私は代金の支払いは、土佐物産にて引き渡すよう掛け合った。しかしクニッフレル商会が承知いたさぬゆえ紛糾したのである」と反論。

これに対し領事館員は、「契約書では五月までに必ず支払うとある。この場で返済期限を提示してもらいたい」と迫ってきたのだ。

結局、弥太郎は確たる言質をあたえずごまかすが、どうみても悪いのは土佐商会のほうである。

こんなことを続けていれば、外国商人からそっぽを向かれ、長崎における艦船や武器の調達が不可能になることはわかっていたが、藩命ゆえにいかんともしがたかったのだ。

## 坂本龍馬との邂逅

岩崎弥太郎は、長崎で坂本龍馬と親しくなっている。以前から顔ぐらいは知っていた可能性はあるが、肝胆相照らす仲になったのは、この長崎時代だ。

慶応三年（一八六七）十一月に龍馬は京都で殺害されるから、わずか八カ月程度の付き合いに終わった。

ただ、さまざまな意味で、龍馬は弥太郎に大きな刺激を与えてくれた。

土佐を脱藩した龍馬は、幕府の軍艦奉行並の勝海舟の弟子となり、神戸海軍繰練所で軍艦の操縦技術を学び、同志とともに薩摩藩の支援を受けて長崎に亀山社中を組織した。諸藩から船や資金を借り海運業や貿易代行を展開する商社で、いざというときは海軍になった。

龍馬は薩長同盟を仲介するなど政治力を持っていたが、不運続きで亀山社中の経営状態は悪化、解散も視野に入れるほどだった。

そんなとき、長崎に来た後藤象二郎が龍馬に面会を求めてきたのである。

もともと二人は仇敵だった。龍馬はかつて土佐勤皇党に属していたからだ。

ただ、倒幕の気運が高まったこの時期、幕府寄りの姿勢を貫いてきた土佐藩としては、倒幕派の薩摩・長州藩とも親交を結びたい。だから象二郎は龍馬に接近したのだ。

龍馬としても象二郎は仇敵だが、土佐藩と提携することで藩から資金をもらい亀山社中を維持したいと考えた。

こうして利害が一致し、慶応三年（一八六七）正月十二日、長崎の料亭である清風亭で会見がおこなわれ、話し合いの結果、象二郎は龍馬たちの脱藩の罪を許し、亀山社中は海援隊と改称し土佐藩に属することに決定した。給与は、土佐商会から出すことになった。

つまり、弥太郎が海援隊の会計も担当することになり、龍馬と親しくなったのだ。

慶応三年五月から六月にかけて、弥太郎の日記にはたびたび龍馬が登場する。

「才谷（龍馬の変名）喜悦《きえつ》し、酒を出し、且《かつ》飲み且談じ、大いに当時人物条理の論を発し、日すでに黄昏《よみ》に迫りて辞去す」（『岩崎彌太郎日記』）

「午後、坂本龍（良）馬来リ、酒ヲ置ク。従容トシテ心事ヲ談ジ、兼《か》ネテ余《よ》、素心ノ所在ヲ談候処、坂本掌《たなごころ》ヲ抵《う》チ善《よ》シト称フ」（前掲書）

このように、弥太郎は龍馬と酒を酌み交わしながら、当時の人物論や思想を熱く語り、自分の「素志」（夢）を龍馬に伝え、これを聞いた龍馬が手を打って同意するなど、友情が培われていったことがよくわかる。

龍馬は浪人時代のさまざまな体験を弥太郎に語って聞かせたことだろう。自分が目指す国家像も熱っぽく話したはず。だからこそ弥太郎も、龍馬に本音を告げたのだと思う。龍馬との出会いが弥太郎の視界を一気に広げたのは間違いのないところだろう。

また、龍馬は志士としては珍しく亀山社中という会社経営に手を染めている。そんな龍馬の経営哲学を弥太郎が吸収したのも確実だと思われる。

龍馬は「海援隊約規」を制定したが、それが左記の条文（一部）である。

「およそかつて本藩（土佐藩）を脱する者、および他藩を脱する者、海外の志ある者、この隊（海援隊）に入る。運輸、射利《しゃり》、開拓、投機、本藩（土佐藩）の応援をなすをもって主とす。今後自他に論なくその志に従て撰びてこれに入る。およそ隊中の事、一切隊長の処分に任ず。あえてあるいは違背《いはい》するなかれ。もし暴乱事を破り、妄謬《もうびゅう》害を引くにいたりては、隊長その死活を制するもまた許す…」

約規を読むと、隊士を土佐藩士だけに限定せず、広く浪人や海外に志を持つ人材も含めているところがユニークである。

事業内容も運輸（海運）や開拓、投機といった商活動を優先し、土佐藩の応援を最後にもってきているのが面白い。

ただ、とても意外なのは、隊長の権限の大きさである。「隊長その死活を制するもまた許す」とある。つまり、隊長が隊士の生殺与奪権まで握っているわけだ。一面、海援隊は軍隊という性格もあったので、上官に絶対服従というのは理解できなくもないが、自由人というイメージの強い龍馬像とギャップを感じる。

さて、ここからはあくまで私の推測だ。

この「海援隊約規」が、岩崎弥太郎が創設した三菱汽船会社の社則と似通っているのだ。

紹介しよう。

「第一条　当（三菱）商会はしばらく会社の名を命じ、会社の体を成すといえども、その実、全く一家（岩崎家）の事業にして他の資金を募集し結社する者と大いに異なり、ゆえに会社に関する一切の事および褒貶黜陟《ほうへんちゅっちょく》（事の良し悪しや人事）等すべて社長の特裁を仰ぐべし」

「会社は岩崎家の事業であるから、仕事に関することはすべて社長である私の判断を仰げ」と明言していることがわかる。

このように弥太郎は、独裁主義をもって三菱をまとめ、海運事業を展開していく。

もしかしたら、坂本龍馬の影響があったのではないだろうか。

## 朝鮮との交易を計画した弥太郎

このままでは土佐商会は、破綻する。それを防ぐためには、収益を上げる別の方法を考える必要がある。

こうして弥太郎は、土佐商会が企画していた鬱陵《うつりょう》（ウルルン）島の探検と朝鮮との交易計画を本格化させることにした。

慶応三年（一八六七）四月、弥太郎はイギリス商人オールトの船で、自ら鬱陵島まで赴いたのである。

弥太郎は鬱陵島は無人島だと思い込んでいたらしく、一説には「奉大日本土藩之命、岩崎弥太郎発見此島」と記した標柱を用意する意気込みだったが、上陸してみたところ、すでに朝鮮人が住んでいた。ただ、この視察でますます朝鮮との貿易に関心を持つようになったらしく、同年秋、対馬に漂着した朝鮮商人の伯楽性が長崎の対馬藩屋敷に抑留されたことを知ると、さっそくつてを頼って対馬藩と接触し、藩の役人を説得して伯楽性を丸山の料亭に引き出すことに成功している。

このとき弥太郎は「大山太郎」という変名を用いたと伝えられる。

ただ、伯楽性には、監視役の田原軍兵衛という対馬藩士が同行していたので、なかなか本題に入ることができなかった。そこで弥太郎は、部下を通じて芸妓とはかり、巧みに田原に酒を勧めさせ、彼が酩酊したところを見計らって、伯楽性に直接「あなたに朝鮮政府を説得してもらいたい。土佐商会からあなたに商品を送るので、朝鮮国内で売り捌いてもらえないか」と持ちかけたと伝えられる。

伯楽性はこれを承諾したというが、おそらく弥太郎は、朝鮮政府が許可しなくても密貿易をしようと考えていたものと思われる。このような海外への膨張主義、市場開拓方針は、師の吉田東洋が常々弥太郎に説いていたことであった。

こうして密約が成立し、長崎奉行所の取り調べを終えた伯楽性は長崎を発った。この計画がうまく運べば、土佐藩に大きな利益をもたらす可能性があった。

が、なんと、伯楽性の乗った船が難破してしまい、行方を絶ってしまったのである。こうして朝鮮貿易計画は予想もしない結末に終わってしまった。

弥太郎はまた、外国商人とのコネをフルに利用し、外国商館と他藩との貿易代行業もはじめた。たとえば、彦根藩の依頼でオランダ商館から蒸気船一隻を借り入れ周旋するなどしている。

とはいえ、相変わらず土佐商会の財政は火の車だった。

なのに海援隊の連中ときたら、隊長の龍馬を筆頭に、たびたび弥太郎に金銭を要求してきた。

弥太郎は龍馬との友情からなるべく言うことを聞いたが、龍馬の要求にはキリがない。たとえば弥太郎の日記には、「坂本良（龍）馬来りて云《いう》、当港（長崎）へ長州桂某（小五郎）来り居り候処、少々金子払底なり。右ニ付千両計《ばか》り致しくれ度段申すに付、正金（現金）は相調わぬ由返答す」とある。

こうした無心に対し、後藤象二郎は、「そんなに金をやる必要はない」と言う。このため、あるときなど板挟みになったあげく、弥太郎は自分の財布から海援隊に金を出している。

そんなこともあり、弥太郎は海援隊を厄介者のように感じはじめた。しかも金銭問題以外にも、彼らは大きな難題を土佐商会に持ち込んできた。

その最初がいろは丸沈没事件であった。海援隊が大洲《おおず》藩から借りて運航している「いろは丸」が、紀州藩の蒸気船に衝突され、沈没してしまったのだ。

過失は紀州藩にあったが、素直に損害賠償に応じようとしないので、龍馬の依頼を受けた後藤象二郎が賠償請求交渉にあたることになったのだが、弥太郎も支援を余儀なくされた。ようやく相手が非を認め賠償金の支払いを受け入れた頃、今度はあらたな問題を海援隊が持ち込んできた。

## 難題を持ち込む龍馬の海援隊

慶応三年（一八六七）七月、長崎丸山の歓楽街で酔っぱらって公道に寝ていたイギリス水兵二名を海援隊が斬り殺したという疑いが浮上した。

事件直後に長崎に来航したイギリス公使パークスが調査をはじめ、海援隊に嫌疑をかけたのだ。このため、京都藩邸にいた大目付の佐々木高行（三四郎）が談判にあたることになったが、パークスの剣幕に嫌気がさしたのか土佐に帰ってしまい、結局、弥太郎が交渉の矢面に立たされた。

七月十九日、長崎奉行所の役人立ち会いのもとで弥太郎は、英国領事館でパークスと話し合った。

弥太郎は、「決して我が土国（土佐藩）において左《さ》様《よう》疑わしきは一人もこれ無し」と断言、「もしこれあるときは、早速土佐大主（藩主）の命をもって国典（土佐藩の法）を行（執行）」（『岩崎彌太郎日記』）すると約束した。

しかしパークスはまったく納得せず、「長崎奉行所の役人と土佐藩へ行き、藩士たちを調べる」とか、「犯人が出奔したらどうする」などと詰問してくる。

弥太郎が「奉行所の手を借りるのは藩主の沽券に関わるので断る。犯人が逃亡しても草の根を分けて探し、斬首に処す」と答えたのに、結局パークスは「立腹ノ体ニテ座ヲ立」ってしまったのである。

パークスは傲慢な外交官として有名だった。会見が物別れに終わると、奉行所の役人は、弥太郎に対し「海援隊士を尋問するので、彼らを長崎の地に足止めにせよ」と命じた。

このとき海援隊は、薩摩藩の依頼で藩船「横笛」に荷物を積み、まさに鹿児島へ向けて出港しようとしていた。そこに弥太郎が駆けつけ、隊士の佐々木栄《さかえ》に奉行所の命令を伝え、薩摩藩の五代才助に事情を話して出航を延期してもらった。

ところが、である。「横笛」は勝手に出港してしまったのだ。弥太郎の面目は丸つぶれである。

結局、土佐藩とイギリスが共同調査をおこなったが、犯人は見つからなかった。

それは、そうだろう。なぜなら犯人は筑前藩士だったからだ。しかも事件後すぐに犯人は責任を感じて切腹していた。

その事実を知りながら筑前藩はこれを隠蔽、事が露見したのは明治になってからだった。

海援隊はまったくの濡れ衣だったのだ。

いずれにせよ、隊士たちを長崎に拘束しなかった責任を問われ、弥太郎と海援隊関係者は長崎奉行所に呼び出され、役人から謝罪を求められた。

このとき弥太郎は隊士たちを引き連れ奉行所に出向き、不始末を役人に詫びた。隊士の佐々木栄も頭をさげた。ところが、菅野覚兵衛と渡辺剛八の二名は、夜を徹して謝罪を拒みつづけたのである。役人がなんと言おうが、頑として頭をさげない。とうとう役人もあきれ果て、土佐藩重臣の佐々木高行と隊長の龍馬を呼び出し、「お構いなし」との決定を伝えた。

龍馬は佐々木に宛てた手紙で、この出来事について

「只今、戦争相すみ候処、然《しか》るに岩弥（岩崎弥太郎）、佐栄（佐々木栄）、兼ねて御案内の通りに兵機もこれ無く候えば、余儀なく敗走に及び候。独《ひと》り、管（菅野覚兵衛）、渡辺の陣、敵軍（長崎奉行所）敢《あ》えて近寄る能《あた》わず」

このように、弥太郎と佐々木栄の弱腰をこき下ろし、菅野と渡辺の勇気をたたえた。

だが、非は、勝手な行動をした海援隊とその管理者である自分にあると思ったから、弥

太郎は素直に謝ったのだろう。それに自由貿易とはいえ、対外貿易では長崎奉行所が絶大な権限を持っていた。そういう意味では、頭をさげることで弥太郎は実を取ったのだ。

だが、金払いが悪い弥太郎に対し、海援隊の面々は良い感情を抱いておらず、「岩崎の野郎は腰抜けだ！」と激しく罵倒したという。

結局、弥太郎は海援隊との関係が甚だ悪化し、土佐商会を縮小したいという土佐本国の動きもあり、ついに主任の職を解かれ、土佐に召還されることになったのである。まさに踏んだり蹴ったりだ。

# 三、明治維新における栄一と弥太郎

## 突然のフランス行き

わずか二年ほどで栄一も、武士に転身して栄達するとは思いもしなかったろう。しかも、いまや一橋家にとって、栄一は必要欠くべからざる経済官僚であった。さらにそんな栄一が、なんと江戸幕府の家臣になることに決まったのである。

第二次長州征討の最中、将軍家茂《いえもち》が大坂城で死去した。まだ二十一歳の若さだった。このため慶応二年（一八六六）八月、一橋慶喜が徳川宗家を継いだのである。だが、慶喜は将軍にならなかった。通常、宗家継承はそのまま将軍就任を意味していた。しかし、幕府内や大奥で慶喜に反発する声もあったうえ、幕末の動乱のなかで自分が将軍になってよいかどうかを迷ったようで、賢い慶喜はこの二つを切り放したのである。前代未聞の手法であった。

こうした中途半端な状況のなかで、幕臣の多くは、やがて慶喜が次期将軍になることを強く期待するようになった。

ところが栄一は、断固反対だった。

将軍職には幼い徳川一族の誰かを擁立し、あくまで慶喜はこれを補佐する立場に徹するべきだと考えたのだ。

その一番の理由は、「もう幕府の命脈は長くない」と判断したことにある。今将軍になるのは、火中の栗を拾うようなものだと考えたわけだ。

ところが、である。まさに栄一が慶喜に諫言しようとしていたところ、それより前に慶喜は将軍職を受諾してしまったのである。

これに伴い栄一も幕臣に取り立てられたが、一橋家の陪臣《ばいしん》出身ということもあって、将軍慶喜にお目見えできない立場となってしまった。今までのように気軽に謁見して、進言できぬ状態になったのである。

これに失望した栄一は、なんと、幕臣を辞する決意をした。

ところが人生というのは不思議なもので、ちょうどそんなとき、驚くべき話が栄一のもとに舞い込んできたのである。

フランスに行ってほしいと言われたのだ。

フランス政府がパリで万国博覧会を開くことになり、幕府に対して正式に代表派遣の依頼があった。そこで慶喜は、弟の徳川昭武《あきたけ》（民部公子）をパリ万博に出席させることにしたのである。さらに昭武は、公式行事に参加した後、フランスで留学生活を送ることに決まった。

この使節団の一行として、「庶務・会計係として随行してくれないか」と一橋家の重臣・原市之進から栄一は打診されたのである。しかもその後、そのまま昭武を補佐してフランスに留まってほしいという話だった。最低でも五年間は戻れないという。栄一を昭武に随行させようとしたのは、慶喜の意志だったといわれる。

周知のように、栄一にはわずか数年前、横浜の外国人を皆殺しにしようとした過去があった。当然、断るかと思いきや、意外な反応を示した。

これについて栄一は、そのときの様子を次のように回想している。

「降って来たような話、自分がその時の嬉しさは実に何とも譬《たと》うるに物がなかった。自分が心で思ったには、人というものは不意に僥倖《ぎようこう》が来るものだと、速やかに御受けをいたしますから是非御遣しを願います、ドノような艱苦《かんく》も決して厭いませぬ」（『雨夜譚』）

そう渡仏について即答したのである。

現在のように飛行機で半日でつくような気軽な旅ではない。しかも異国に行ったことのある日本人などほとんどいない時代だ。長期間の海外生活は大きな困難を伴うことだろう。いかに栄一が幕臣となってしまった当時の立場に嫌気がさしていたかがわかる。ただ、渡仏を喜んだ理由は、それだけでもなかった。一橋家で農兵募集など軍事に関わるなかで、「兵制とか医学とか、または船舶、器械とかいうことはとうてい外国には叶わぬという考えが起って、何でもあちらの好い処を取りたいという念慮が生じ」（前掲書）ていたのである。

この時期、まだまだ攘夷主義から開国主義に転じる者が少ないなか、あれほど過激な攘夷をとなえていた栄一は、大きく己の考えを転換させたのだ。これは、なかなかできることではなかろう。だが、それができたからこそ、栄一は幕末にヨーロッパを見聞し、その経験を活かして明治になって飛翔することができたのである。

間違っていたと思ったら、思い切って変節する。それもある意味、勇気であり、知恵でもあるわけだ。

こうして二十八歳の栄一は慶応三年（一八六七）正月、昭武ら二十数名と横浜港から船でフランスへ向かった。このときの正式な役名は、御勘定格陸軍附調役というややこしいものだったが、先に述べたように会計兼庶務担当であった。

海外渡航にあたって、さすがの栄一も血洗島村に残していた妻・千代のことは非常に気になっていたようだ。

たとえば、出立直前の一月九日付で、千代に次のような手紙を送付している。

「三年間はフランスにいることになる。思いがけないことで、さぞたまげたと思うが、月日は早く経つものだから、また会えるときがくるので楽しみにしていてほしい」と述べた後、「御《お》まい様にも御みさお御つのり被成《なられ》候様たのみあけ奉候」（渋沢史料館編著『渋沢栄一渡仏一五〇年　渋沢栄一、パリ万国博覧会へ行く』渋沢史料館）と書いている。

「みさお（貞操）を守ってくれ」とお願いしているのである。

何とも微笑ましい手紙だが、栄一の千代宛ての手紙には、じつは同じようなことがたびたび書かれている。

たとえば同年五月十五日の手紙には「唯々可《ただただか》憐《れん》はそなた事ニ候得共《そうらえども》、国の為とそんし候ハ、辛抱もなるへく能々《よくよく》御了簡短気なきよふ被成度呉々《くれぐれ》ねんし奉候」（前掲書）、つまり「短絡的なことをしないよう願っている」と記しているのだ。さらに十二月七日にも、「妻は夫に従うのが日本や中国の昔からの教えなので、ぜひその道に従ってほしい。そんなことは今さら言う必要もないのだが」と前置きしながら、やはり「返々《かえすがえす》も短慮なきよふ」（前掲書）とあり、翌年三月三十日の手紙にも、「武士の妻は古より楠（楠木）正成の妻又は忠臣蔵などにも其ためし多く候へは、随分《ずいぶん》心強くなされ候よふ頼入候、尤《もっとも》こなた事もいつれ御国江《へ》立帰り壱度《いちど》は御目もしいたし可申《もうすべく》候間、其節迄《まで》は能々《よくよく》貞操御守りなされ度頼入候」（前掲書）とある。

　武士の妻は貞操を守るものだと述べ、楠木正成や忠臣蔵の妻たちの例をあげ、千代に重ねて貞操を求めているのだ。さすがにこれは少々、しつこい気がする。よほど栄一は、二十代の美人妻の貞操が心配だったようだ。のちに人格者として崇められる渋沢栄一だが、私は人間臭くて親近感を覚える。

　ついでながら、千代の手紙も紹介しておく。とくにユニークなのが慶応三年（一八六七）の年月日不明の手紙である。

　栄一が自分の姿を写真に写して千代に送ったらしい。その返事である。

　千代は、「写真を二枚送って下さりありがとうございます。久しぶりにお目にかかったようで、とても嬉しいです」と記した後、その写真の髪型を見て「御前様ハ先頃《さきごろ》とハ事かわり、何ゆへの御事ニて、あさましく見る目もつらきよふニ存られ、いかなる御髪付」「誠に此事はかり心ならす存候」「もとの御かたちに成られ召よふ願上まいらせ候」（前掲書）と記している。

千代の非難の言葉からなんとなく察しがつくと思う。

栄一は、自分の決意を示すため、パリにつくとちょんまげを切り落としたのである。千代はそれを写真で知ったのだ。だから「その姿が浅ましく見るのもつらいので、元の髪型に直してほしい」と要求しているのだ。さらにその後、「他の日本人が同じようにちょんまげを切り落としたのなら仕方ないと納得しますが、なぜあなただけがそんな髪型にしているのですか。ぜひ元に戻して下さい。くれぐれもお願いいたします」ともう一度念を押している。よほど千代は栄一の姿がショックだったようだ。

栄一の回想によれば、羽織袴と大刀で生活するのは不便だったので、江戸幕府に許可を求めたうえで断髪したという。どうやら他の日本人に先んじてちょんまげを切り落としたらしい。

## ヨーロッパで衝撃を受けたこと

昭武一行は無事にパリに入り、公式行事をこなした後、スイス、オランダ、ベルギー、イタリア、イギリスなど各国を歴訪した。栄一もそれに随行して製鉄所、軍艦建造所、鉄道施設、ガラス工場、博物館、紙幣製造所などの諸施設を見学した。

その後は留学する昭武の世話、使節団の公金の出納や会計業務、必要書類の作成、公式日記、その他もろもろの雑用を含め、ものすごく忙しい日々を送ることになる。

ただ、そうしたなかでも同僚二人と語学教師を雇ってフランス語の勉強をはじめている。驚くべきことに、わずか一月程度で簡単な日常会話を習得したという。人間、必死にやれば語学はどうにかなるものらしい。

さらに栄一は、忙しい合間を縫って病院、競馬場、水族館、動物園、オペラ劇場、水道・下水道施設、刑場などあらゆる場所を見て回った。

くわえてフロリ・ヘラルトという銀行家から銀行や株式、会社の仕組みなどを学んだのである。また、幕府からの為替での金銭の受領、他国にいる留学生への送金など、実際に銀行をはじめとする金融機関を使用している。

ヨーロッパでの滞在はたった一年半であったが、旺盛な好奇心や仕事上の必要により、栄一はその明晰な頭脳に膨大な新情報を詰め込んだのである。

とくに栄一が感心したのは、ベルギーでは国王自らが徳川昭武に鉄を売り込むなどトップ・セールスをしたことだった。国王も含めて国家が主体となって貿易に関与し、富国を目指している。商売を賤《いや》しむ日本の国風とは大違いである。

それ以上に衝撃だったのが、フランスにおける商人の地位の高さであった。日本では民間商人の地位が低く、お役人がいばり散らしている。そんな日本とは大きく異なり、ヨーロッパでは実業家は軍人（日本でいえば武士）と対等に接し、国民からも尊敬を集めていたことだ。これについては、栄一が回想しているので、直接語ってもらおう。

銀行家のフロリ・ヘラルトと役人のコロネル・ビケットが話している現場を目撃しての感想だ。

日本だと「町人は必ずお役人様の命令に唯々《いい》諾々《だくだく》だが、此二人の相接する実際の模様を見ると—私も幾らか仏蘭西《フランス》語が分るやうになつたので、側で聞いて居ると、—殆《ほとん》ど区別が無い」「二人の間に毫《ごう》も尊卑上下の区別が無い其様《そのさま》を見て私は深く感じたのです。成程《なるほど》斯うなくてはならない。日本の例で云へば町人はいくら賢くてもお役人様の思召《おぼしめし》次第。事によると曲つた事が良くなつてしまう」「然《しか》るに仏蘭西《フランス》にはそんな弊害は無い。国民全体が平等で、役人なるが故に威張《いば》ると云ふことが無い。これが本当であるべき」、そう栄一は感じ、「日本の此有様《このありさま》を改良せねばならぬ。此風習だけは日本に移したい」と決意したのである。

さらに栄一は言う。

「何等為すこと無く帰つて来ましたが今申す官尊民卑を打破せねばならぬと云ふことだけは深く心に刻んで居ったのであります」（「新年所感」〈昭和四年一月〉『竜門雑誌　第四八五』所収、『渋沢栄一渡仏一五〇年　渋沢栄一、パリ万国博覧会へ行く』所収）。

このようにヨーロッパでの留学体験で、栄一は日本での商人の地位を向上させ、「官尊民卑の打破」を実現したいと考えるようになったのである。

当初、栄一は五年以上はフランスに滞在するつもりだったが、周知のように幕府が消滅してしまったのだ。慶応三年（一八六七）十月に将軍慶喜は政権を朝廷に返してしまい、さらに翌年一月、鳥羽・伏見の戦いに敗れ、大坂から江戸へ逃げ戻り、新政府に恭順する姿勢を見せた。

こうした情報は三月になるとパリの栄一の耳にも届くようになった。

そしてついに新政府から帰国命令が届いたのだ。

ところが栄一は、当初これを黙殺したのである。

すでに徳川家からの送金は途絶えがちになっていたが、人員を次々と本国へ帰して使節団の人数を減らし、さらに節約を徹底した。また、フランス公債や鉄道債権を購入するなど、巧みな資金繰りによって、少なくとも数年間の留学は可能だったからである。

しかしながら、結局は帰国せざるをえなくなった。水戸藩主が急死して昭武が藩主に就かねばならぬことになったからだ。

こうして栄一は、仕方なく帰国を決めたのである。

ただ、短期間ながらヨーロッパの最新の知識を多く吸収できたことは、栄一にとってかけがえのない大きな財産となった。そして、この体験があったればこそ、次の道が開かれることになったのである。

## 戦争より商売を優先する岩崎弥太郎

さて、話を岩崎弥太郎のほうに移そう。

土佐商会の主任に抜擢してくれた後藤象二郎だが、龍馬が提示した大政奉還を実現させるため、京都や大坂での政治活動で忙しく、なかなか長崎に来る暇がない。

　このため、イギリス水兵殺害事件の調査に来た大目付の佐々木高行が、弥太郎たち土佐商会に指示を出すようになった。

　佐々木は、公武合体派の後藤とは異なって熱烈な倒幕派であり、国事に奔走する龍馬ら海援隊士たちと仲が良く、商売を第一に考える弥太郎と何かと対立するようになっていた。

　だが、前述のとおり、弥太郎が免職となって国元に召還されると決まったとき、佐々木は象二郎に宛てて弥太郎を残留させるよう求めている。さすがの佐々木も弥太郎なくしては、土佐商会の経営が立ちゆかないと考えたのだ。

　というのは、土佐商会の職員である高橋七右衛門、森田晋三、田所安吾たちが、「弥太郎がいないと商会は運営できない」と土佐藩への嘆願運動を展開しはじめたからである。嘆願書は佐々木へ手渡された。

　こうして象二郎と佐々木の尽力もあって、後任が来るまで弥太郎は従来どおり業務を続けられるようになった。ただ、中途半端な立場に嫌気がさしたのか、弥太郎は佐々木が引き止めるのを振り切り、十月十八日に長崎を発って象二郎のいる京都に出向いた。おそらく今の立場を改善してくれるよう、象二郎に直談判しようとしたのだと思う。

　しかし日記には具体的な頼み事は記されておらず、象二郎をはじめ福岡孝弟など藩の重臣と祇園に繰り出し、酔い潰れた記述しか出てこない。弥太郎が京都につく前日、龍馬は京都を発ち越前へ行ってしまったので、会うことができなかった。

その後、十月二十八日から弥太郎は大坂を拠点にして象二郎からの良い知らせを待っていたようだ。

ちょうどこの時期、象二郎は馬廻役から中老に家格が上がり、土佐藩の執政の座に就いた。それは、前藩主・山内容堂に大政奉還を献策し、将軍徳川慶喜が受諾したことの褒賞だろう。

こうして象二郎が藩の実権を握ったことで、土佐商会の縮小論は立ち消えとなり、弥太郎は商会の主任として元のように業務に専念できることになった。さらに幸運は続く。弥太郎とそりが合わなかった佐々木が本国へ召還されることになったのだ。弥太郎は日記に「万事、自分の意のごとく運ぶ由、覚えず飛び上がり、愉快にたえず」、そうしたためている。

長崎からわざわざ上方まで出てきた甲斐があったわけだ。

ちなみに、弥太郎の大坂滞在中に坂本龍馬が京都の近江屋で暗殺された。十一月十五日のことであった。ただ、その前後の弥太郎の日記に記述がないので、どんな思いを持ったのか、残念ながら知ることができない。とはいえ、互いに夢を語り合った仲ゆえ、さまざまな感慨が脳裏に浮かんだことだろう。

弥太郎が長崎に戻ったのは十一月二十七日のこと。翌日、土佐商会の門をくぐると、佐々木からの伝言を受け取った。裃をつけて自分のところへ来いというのだ。事情がわからぬまま正装して出向いたところ、岩崎家の家格を「新居留守組」とする通達を受けたのである。これは上士の家格であった。卑賤な地下浪人の弥太郎は、とうとう己の才覚によって上士にまでのぼったのである。

ただ、大いに喜んだのかと思いきや、日記を見ると、それどころではなかったようだ。佐々木と会った弥太郎はそのまま自宅に戻り「臥病《がびょう》」したとある。さらに翌日も「臥病」、翌日は「不出戸」（外出せずに家にこもる）、十二月二日には「力病行大浦」（病をおして大浦へ行く）とあり、十二月五日も「横臥《おうが》」、六日も「不出戸」、七日には「四肢運動甚《はなはだ》疲労、加之《これにくわえ》食事一向不適意」（身体を動かすと疲労がひどくなり、物も全然食べられない）という状態になり、八日も「不出戸」で寝ながら『水滸伝』を読んだとある。九日も「不出戸」。ようやく十二月九日に「覚少快」（少し体調が良く）なるが、十一日には「心気未《いまだ》全快」（心気は完全に回復しなかった）とある。十二月十三日になってようやく「是日、精神快然、覚四肢頗《すこぶる》健」（気持ちも元気で身体も健全）な状態になったのである。

このように半月ほど、弥太郎は体調を崩して寝込んでしまったのである。

## 「夕顔」を巡る佐々木高行との確執

弥太郎が病に伏せっているとき、京都では非常に大きな政変が起こっていた。

十二月九日、明治天皇による王政復古の大号令が発せられたのである。

これにより、朝廷を中心とする新政府が樹立された。ただ、これはある意味、倒幕派によるクーデターだった。

大号令が出た夜、天皇臨席のもと小御所会議が開かれた。参加したのは、皇族や公家のほか、薩摩、土佐、越前、尾張、安芸の五藩の藩主やその一族や重臣たちであった。

会議では薩摩の大久保利通や岩倉具視など倒幕派が強引に前将軍慶喜の「辞官納地」（内大臣の免職、領地の一部返上）を命ずることに決定した。

土佐藩の前藩主・山内容堂や後藤象二郎は会議に出席し、松平春嶽らとともに倒幕派に抵抗したものの、結局、押し切られてしまった。

ともあれ、こうした時勢の激変により、京都の徳川軍や会津藩などの佐幕派が暴発し、戦争が起こる可能性が高まったのである。

この知らせを受けた倒幕派の佐々木高行は、すぐにでも長崎から大坂へ船を出し、自藩を支援できる態勢を整えようと動きはじめた。そして、大量の武器を購入するよう、弥太郎に厳命し、九州の諸藩と密なる連絡をとり戦争の勃発にそなえた。

だが、弥太郎としては、船を戦争で使われてはたまらない。船は商売するためにある。といっても、その利益は、土佐藩が戦いで勝つための武器や艦船の仕入れに使われることになるのだから、目的は同じだった。違うのは観点だった。

ただ、弥太郎にとって佐々木のやり方は気に食わない。そこで十二月の半ば過ぎからたびたび佐々木とやり合うようになり、日記や手紙にも頻繁に佐々木をなじる言葉が出てくるようになった。

いずれにせよ、弥太郎は武器や艦船の購入に全力を尽くしたが、それが限界に来ていることは、弥太郎が慶応三年（一八六七）十一月に山崎直之進へ出した手紙から容易に想像できる。

「国元（土佐）より何の物産も御積立に相成らず、月賦払金滞《とどこお》り、当月より来二月迄《まで》惣縮大抵十八万両余なり、それに何の手当てもなし、色々方略を案じ、陽怒《ようど》陰撫《いんぶ》、変化百出、一同精力を尽し、漸《ようや》く商会の形勢を張り、持ちこたへ居り申し候」（『岩崎彌太郎傳　上巻』）国元から輸出する品物もないのに、外国から武器や艦船を買いまくっているので、赤字は十八万両に膨れあがっている。なのに策略やごまかしを駆使してそのまま商売を続けていることがわかるだろう。このままいけば間違いなく数カ月後に土佐商会は破綻したはずだ。ところが、である。王政復古から一月も経たない慶応四年（一八六八）一月三日、鳥羽・伏見の戦いが勃発する。

大坂城を発した旧幕府軍が京都に入ろうとして、これを制止した新政府軍（薩長軍）と鳥羽と伏見において武力衝突が起こったのだ。こうして日本中を巻き込む戊辰戦争の火蓋が切って落とされたのである。

弥太郎のもとに鳥羽・伏見での情報がきちんと届いたのは、一月十一日のことであった。しかしこの数日前から「上国ノ新聞ハ無之《これなき》候へ共、当時の風説甚《はなはだ》切迫ニ至ル」（『岩崎彌太郎日記』）とあり、瓦版はないけれど、すでに戦争の噂が出回っていたことがわかる。

そしてこの日、「出島異人より告来《つげきたる》上国ノ新聞、於浪花《なにわにおいて》、薩州と幕兵闘《たたかい》、幕兵終《ついに》焼薩邸、京師並伏見ニモ亦《また》戦争有之候へ共、未《いまだ》分明ト云々《うんぬん》」（『岩崎彌太郎日記』）と記されている。

意外にも出島の外国人が上方の新聞で知ったという内容を弥太郎に伝えに来たようだ。

それによれば、大坂で薩摩軍と旧幕府軍が戦い、旧幕府軍が薩摩藩邸を焼き、京都や伏見でも戦争が起こっているというものだった。

だが、当時の弥太郎にとっては、自分のことで手一杯で戦争を心配するどころではなかった。なんと、一月十日未明に土佐商会の建物が全焼してしまったのである。前日の一月九日夜、弥太郎は芸妓阿玉と楽しく酒を飲み、そのまま寝ていると、夜中の二時頃、喧噪の声で目を覚ました。外を見ると空が赤いではないか。「火事だ」と驚き、ただちに土佐商会へ向かった。

この火事は本古川町を火元に、榎津町、万屋町、濱町、築地と燃え広がり、「一瞬ノ間、商会屋楼（社屋）烏成（全焼）」してしまったのである。弥太郎はこのとき、商会の倉庫に火が回らぬよう、必死に注水をさせたのだった。

この火事がさらに市中の混乱に拍車をかけ、まだ戦争の勝敗の確報は伝わっていないのに、数日間長崎中がパニックに陥り、薩摩軍や旧幕府軍が攻めてくるという噂が広まり、家財道具を運んで郊外へ避難する人びとすら現れた。

十三日あたりになっていよいよ幕府が敗れたという知らせが長崎に届いた。すると、佐々木高行は、見事な行動を見せた。海援隊の面々を率いて長崎奉行所を占拠したのだ。

おそらく何度もその軍事行動を頭のなかで反芻《はんすう》していたのだろう。長崎奉行は、隙を見て船で逐電してしまった。

その後佐々木は、薩摩藩の松方正義《まさよし》と連携して勤皇派諸藩と誓約書をかわし、長崎の共同統治をはじめた。また、長崎奉行所に備蓄されていた米や金を市民に放出し、人心を安定させることも忘れなかった。

さらに佐々木は、岩崎弥太郎に対して上方にいる土佐軍を支援すべく、土佐商会が使用している藩船「夕顔」をただちに派遣するよう命じた。

ところが、である。弥太郎は、佐々木の命令を拒否したのである。「夕顔」には、すでに仕事の予定が入っていたからだ。

佐々木は、この一大事に、仕事を理由に命令を拒む弥太郎の気持ちがまったく理解できなかった。

相手の言動に腹を立てていたのは、弥太郎だけではない。佐々木のなかにも大きな不満がたまっていた。じっさい、これより前の一月三日の佐々木の日記には、

「弥太郎、七右衛門（高橋）等は商売上の掛引を専一に心掛け、天下の国事には不関《かんせず》候。自分は第一に国事心配の場合に付き、船の出入りもいつも見込違い候て、議論不絶《たえず》候事」

（『岩崎彌太郎傳　上巻』）

と記されている。

だから、弥太郎の返答を聞いた佐々木は怒りをあらわにし、「本日中にただちに船を出せ」と厳命した。

ところが弥太郎は譲らない。それでも佐々木が「本日夕刻までに船を出港させろ」と弥太郎に迫ると、ついに弥太郎は、「ならば、あなたの勝手にするがいいだろう」と放言し、いきなり辞職を宣言したのである。

だが、佐々木のほうも頑固だった。

「夕顔船一刻も早く帰帆の精神なるに、岩崎は商法のみに注意して国家の大事を知らず、依《よっ》て早速岩崎の願を許し、跡の義を引受けたり」（前掲書）

と佐々木の日記にあるように、弥太郎の辞職を受け入れてしまったのである。

佐々木高行に辞表をたたきつけた弥太郎は、慶応四年（一八六八）二月二日、部下たちが引き止めるのも聞かずに長崎の地を発ってしまった。向かった先は後藤象二郎がいる大坂だった。

突然やって来た弥太郎に象二郎も閉口したに違いない。

あたかも土佐藩は、新政府軍として関東へ進撃しようとしていた。朝敵になった前将軍慶喜を倒すためである。江戸での激しい戦争が想定されていたので、土佐藩では大量の武器を土佐商会に購入させようとしていた。そんなこともあり、象二郎は弥太郎を説得し、長崎へ戻そうとした。

弥太郎がそれに従ったのは、最大の障害である佐々木高行が土佐商会から一切手を引いたことがわかったからだ。

佐々木は新政府に登用され、長崎裁判所参謀助役に就任していたのだ。こうして再び弥太郎は、土佐商会の全権を握ることができたのである。そして以後は、藩の求めに応じて武器の調達に奔走した。

ただ、江戸無血開城が決定すると、ユニークな事業を企画する。

北海交易である。

慶応四年（一八六八）閏四月、アメリカのウオルシュ商会と提携して藩船「大坂」をロシアのカムチャツカ半島のペトロパブロフスクへ派遣したのである。

ずいぶん突拍子もない気がするが、おそらく生前に坂本龍馬が企画していたものではないかと考えられる。

龍馬は蝦夷地の開拓や交易に強い興味を持ち、かなり前から北添佶磨《きたぞえきつま》、能勢《のせ》達太郎、安岡斧太郎、小松小太郎らを蝦夷地に派遣して実地探査させていた。さらに、この計画を諸侯や仲間たちに披露し、三、四千両をかき集め、老中・水野忠精《ただきよ》の了解を得て、幕府の黒龍丸に二百名の志士を乗せて蝦夷地へ派遣するという青写真までつくっていた。

だが、池田屋事件で計画は頓挫、それでも諦め切れず、慶応二年（一八六六）十月、外国商人から大極丸を薩摩藩の仲介で購入し、この船を用いて北方交易と開拓事業を展開しようと構想している。

しかし、さまざまな障害や政治活動のため、計画はなかなか実現しない。それでも龍馬は夢を捨て切れず、慶応三年（一八六七）に発足する海援隊の規約にも同隊の事業として「開拓」の一項を盛り込んでいる。

さらに、印藤肇《いんどうはじめ》宛ての龍馬書簡（慶応三年三月六日付）には、

「小弟（私）ハ蝦夷（地）に渡らんとせし頃より、新国を開き候ハ積年の思ひ一世の思ひ出に候間、何とぞ一人でなりともやり付申すべくと存じ居り申し候。其の中、（伊藤）助太夫（下関における龍馬のパトロン）事、別に小弟の志を憐れみ、且《か》つ積年の思ひもこれ有り、屈せずしてひそかに志を振るい居り申し候。然《しか》れば先頃、長崎にて大洲（藩の）蒸

気船ハ三月十五日より四月朔（日）迄《まで》の間ニ借入の定約ハ相定め置きたり。ゆえに、近日其の期限も来るべし」（『坂本龍馬全集』）

とある。慶応三年（一八六七）春、大洲藩から船を借りて積年の志である蝦夷地開拓を推進しようとしているのである。ちなみに、この書簡のなかには、竹島の開拓計画も記されている。同島には、開拓できそうな平原がある。また、豊かな漁場があり、ここから魚介類を得るとともに、豊富な木材資源にも龍馬は目をつけているのだ。

弥太郎と龍馬の付き合いは一年に満たなかったが、きっと龍馬の北海交易や蝦夷地開拓計画に深く共鳴し、その実現を図りたいと考えたと思うのだ。

ただ、二回目の交易は、蝦夷地を占拠していた榎本武揚の旧幕府脱走軍に妨害され、どうもうまくいかなかったようだ。とはいえ、龍馬の描いた壮大な夢を、弥太郎はそれからわずか十年で実現してしまうのである。

しかし、この頃の弥太郎には、まだ交易や海運で身を立てようという気持ちはなかった。北海交易もあくまで土佐商会の赤字を減らすための一手段であった。まことに意外なことだが、どうも弥太郎は新政府の要職に就こうとしていた気配がある。

周知のように、薩長土肥の四藩が戊辰戦争の主力になったことで、土佐藩士も次々に新政府の要職に就くようになった。恩人の後藤象二郎を筆頭に、板垣退助、福岡孝弟、さらには対立した佐々木高行、海援隊士の中島信行が新政府に登用されている。

この状況を見るうち、弥太郎も新政府入りして国家を動かしたいと思いはじめたようだ。

慶応四年（一八六八）四月、長崎の土佐商会は閉鎖された。同年七月より大坂の開港が決定し、列強の商館が続々と長崎から大坂へ転居しはじめたからだ。だから土佐藩としても、長崎の土佐商会を閉鎖し、すでに前年に開設していた開成館貨殖局大坂出張所に交易の中心を移すことにしたわけだ。

弥太郎は、しばらく長崎の土佐商会の残務整理にあたることになった。その仕事を終えたら、大坂へ転勤するのは明らかだった。

だが、政治的野心が芽生えた弥太郎は、慶応四年（一八六八）五月、後藤象二郎に宛てて、

「一日も早く（後藤の）御左右（お側）に往来尽力仕りたく候えども、思うにまかせ申さず、いずれ遠からずうちに脱兎《だっと》のごとく樊籠《ばんき》（鳥籠）を出申すべく、その節は兼ねて申し聞かされ通し、幾重《いくえ》もよろしく御周旋《しゅうせん》のほど万祈たてまつり候」（『岩崎彌太郎傳　上巻』）

と認めている。これを意訳すれば、

「一日も早くあなたの側に行って仕事を手伝いたいと思っていますが、思うに任せません。近いうちに脱兎のごとく鳥かごを出て、あなたのお側に行きますので、ぜひとも新政府へ私を推薦してください」

ということになるだろう。

しかし、象二郎は弥太郎を明治政府に招くつもりはなかったらしい。これからも土佐藩の経済官僚として大いに活躍してもらわねば困ると考えたのである。

弥太郎もそれは十分に自覚していたはずだが、これだけ頑張ってきたのだから新政府に推薦してくれて当然という認識の甘さがあったようだ。

結局、弥太郎の願いは、象二郎にじらされ、とうとう黙殺されて終わった。

しかし、もしも弥太郎が明治政府に出仕していたら、どうなっていただろうか。

確かに象二郎を補佐し、あるいは政府の経済官僚として活躍したことだろう。けれど、国家を動かすのは不可能だった。なぜなら恩人の象二郎は明治七年（一八七四）に征韓論に敗れて板垣退助とともに政府を下野しているからだ。しかも、弥太郎が死んだ明治十八年（一八八五）当時もまだ在野のままであった。弥太郎が官途にあれば、間違いなく象二郎と行動を共にしたはずだから、自由民権運動を盛り上げる功績は残したかもしれないが、それだけで生涯を終えてしまったろう。

つまり、運命は残酷なようだけれども、本当は弥太郎には優しかったのである。

# 第三章　二人の実業家の誕生

# 一、大蔵官僚としての渋沢栄一

## たった二年で一変した世の中

明治元年（一八六八）十一月、栄一は約二年ぶりに日本の土を踏んだ。しかしこの短い間に、世の中は大きく変わってしまっていた。

栄一がフランスへ発ってわずか九カ月後、主君の将軍慶喜はこのまま政権を維持するのは難しいと判断し、朝廷に大政奉還を建白した。これは、明晰な決断だったといえる。

ところが約一カ月半後の慶応三年（一八六七）十二月九日、倒幕派のクーデターによって誕生した新政府は、おとなしく政権を返上した慶喜に対し、辞官納地（内大臣の免職と領地の一部返上）を決めたのである。もちろん旧幕府方を怒らせて暴発させ、徳川を武力でたたきつぶそうと意図したのだ。

慶喜はその狙いを見抜き、京都から大坂城へ撤収して事態を静観した。すると、諸侯の同情票が慶喜に集まり、新政府内で倒幕派が力を失い、公議政体派（越前藩など）が慶喜を新政府の盟主に擁立しようと動きはじめた。

危機感を持った薩摩藩の西郷隆盛は、江戸に送り込んだ浪人たちに乱暴狼藉を働かせ、結果、その挑発に乗って江戸の佐幕派（庄内藩士や幕臣たち）が薩摩藩邸を焼き打ちしてしまったのである。これを知った大坂城の兵たちは「薩摩を討て」と興奮して騒ぎ立て、どうにも収拾がつかなくなった。

このときの様子を後年慶喜自身が次のように回想している。

「老中以下大小目付に至るまで、ほとんど半狂乱の有様《ありさま》にて、もし予（慶喜）にして討薩（薩摩を討つ）を肯《がえ》んぜずば、いかなることを仕出さんも知るべからず」（渋沢栄一編、大久保利謙校訂『昔夢会筆記 徳川慶喜公回想談』東洋文庫76平凡社）

また、老中の板倉勝静《かつきよ》など重臣たちも、慶喜に対し「将士たちが激昂してこのままでは済まないので、兵を率いて上洛しましょう。もしお許しを出さないのなら、彼らはあなたを刺し殺し、大坂城から脱走して京都へ向かう勢いです」と言う。ここにおいて慶喜は、もはや出撃を命じざるを得なくなってしまったのである。

しかし、結果はあえなく旧幕府軍が敗北。すると何を思ったか、慶喜は将士を見捨てて会津藩主・松平容保《かたもり》らと数人で大坂城を脱し、船で江戸へ敵前逃亡してしまったのである。

これを知った徳川方の兵は総崩れとなり、大坂城は新政府軍の手に落ちた。慶喜は江戸につくとまもなく、上野寛永寺に籠もって新政府に恭順の意を示したが、新政府（朝廷）は慶喜を朝敵と認定、西郷隆盛を実質的なリーダーとする大軍を差し向けた。

だが、慶応四年（一八六八）三月十三日と十四日、西郷は徳川方の勝海舟と会談し、独断で江戸総攻撃の中止と慶喜の助命を決めた。やがて新政府もこれを追認し、徳川家は四月に江戸城を無血開城し、慶喜は水戸へと去った。その後、徳川家の家督は幼い家達《いえさと》（田安家の当主）が継いだが、四百万石の領地は静岡（駿河）七十万石に縮小され、慶喜の身柄も静岡に移された。

このように世の中が一変するなか、横浜に上陸した二十九歳の渋沢栄一を杉浦愛蔵（譲《ゆずる》）が出迎えてくれた。愛蔵は、外国奉行支配調役として栄一とともにフランスへ渡ったが、一年以上前に帰国し、その後は留学中の栄一に手紙で国内情勢を詳細に知らせたり、妻子の世話を何くれと焼いたりしてくれた恩人の一人だった。

おそらくこの日、栄一は直接愛蔵から鳥羽・伏見の戦いの経緯や慶喜の処遇を聞き、さらに渋沢家や旧友の話もある程度知ったことだろう。それから数日後、栄一は江戸（東京）へ戻ったが、さらに知人たちからも細かい情報を得たと思われる。

残念ながら、栄一の親族や友人たちは無事ではなかった。

ずっと行動を共にしてきた渋沢喜作（成一郎）は、幕府で奥右筆《おくゆうひつ》にまで出世したが、主君の慶喜が上野寛永寺で謹慎をはじめると、これを警護する彰義隊《しょうぎたい》の頭取になった。しかしその後、副頭取の天野八郎と対立し、隊を離脱して新たに振武軍《しんぶぐん》を結成、関東で新政府軍と戦い、さらに、榎本武揚の旧幕府艦隊に合流して蝦夷地へ渡っていた。いまだに抵抗する意志を燃やしつづけていたのである。しかも師で義兄の尾高惇忠《じゅんちゅう》も喜作と行動を共にしていた。また、栄一の無謀な攘夷決行を必死にとめてくれた尾高長七郎（惇忠の弟）は、栄一が帰国した直後、精神を病んで自ら命を絶ってしまったのだ。三十一歳だった。

さらにショックだったのは、渋沢平九郎の戦死であった。まだ男児がなかった栄一は、渡仏する前に養子（見立養子）に平九郎を迎えた。この若者は妻の千代の弟だった。だが、新政府への恭順を潔しとしない喜作や兄の惇忠とともに、振武軍に入って新政府軍と戦う道を選んだ。しかし同年五月、戦闘に敗れて逃亡する途中、不運にも新政府方の部隊に発見され、激しい抵抗のすえ自刃して果てたのだった。わずか二十二歳であった。

平九郎は亡くなる四カ月前、パリにいる栄一に宛てて手紙をしたためている。文中で鳥羽・伏見の戦いの敗北を知らせ、同時に「平和な世なら名もなく相果てる身分なので、御国のために精一杯努力する」といった決意が記されていた。

　平九郎の死を知った栄一は、「諸々方々の戦争に出合い、ついに飯能《はんのう》宿近傍《きんぼう》の黒山という所で討死をしたという話で、実に見るもの聞くもの皆断腸《だんちょう》の種ならざるはなし」（『雨夜譚』）と若くして命を散らせた養子の末路を嘆いている。

　だが、もしも栄一がフランスに留学せず、そのまま国内に残っていたら、いったいどうなっていただろうか。

　私は、喜作や惇忠と行動を共にしていたのではないかと思っている。ならば、栄一自身が平九郎と同じ末路をたどった可能性もある。あるいは、喜作らのように箱館まで行き、徹底的に新政府に抵抗したうえで、場合によっては戦死という結末もあったかもしれない。そういった意味では、動乱の時期に日本にいなかったことは、不幸中の幸いだったといえるのかもしれない。

　江戸（東京）についてからまもなく、栄一のもとに父の市郎右衛門が大金を持って訪ねてきてくれた。栄一がフランスから手紙で金を無心したからだ。栄一は、徳川が倒れて送金が途絶しても徳川昭武とともに留学を続けようと決意していた。このため、かの地から父に送金を依頼したのである。帰国した今、もうその必要はなかったが、栄一は「深くその慈愛の厚情」（前掲書）を感じ、久しぶりの再会を喜んだ。

市郎右衛門は息子に今後を尋ねたが、栄一は血洗島村の実家に戻って農業をするつもりはなく、旧主・徳川慶喜がいる静岡に移り、その傍らで生涯を終えるつもりであった。たった五年間の仕官であったが、栄一は主君・慶喜に絶大な恩義を感じていた。

## 旧主と対面して疑問を突きつけた栄一

こうして栄一は、江戸を去って静岡（駿府）へと向かった。そして現地へ到着するや、留学中の詳細な会計簿と残金を藩庁へ提出した。すでに幕府は倒壊していたが、お役目をきちんとなしとげたわけだ。同時に栄一は、謹慎中の慶喜への拝謁を願い出た。

徳川昭武からの慶喜宛て直書を預かっていたからである。栄一は昭武から「留学中の詳細を兄の慶喜に語り、私の直書をお渡ししたうえ、必ず兄の返書を自ら水戸まで届けてほしい」と強く仰せつかっていた。

数日後、栄一は宝台院で謹慎している慶喜に約二年ぶりに対面することができた。

夕暮れ時、静かな仏間での会見となった。渡仏前は日本を支配する将軍だった慶喜、だからこそ、その落魄した姿を目にして栄一は思わず落涙した。

栄一は慶喜にパリ留学中の詳しい報告と昭武のかの地での様子を語った。ただ最後に、どうしても慶喜本人に尋ねたいことを率直に口にした。

「何故に鳥羽・伏見において戦端を開かれたのであるか」「何のために大阪から俄《にわ》かに軍艦で御帰東なされたのであろうか」（『昔夢会筆記』）、江戸に戻って新政府への恭順に徹し「怯懦《きようだ》といわれ暗愚と評せられても、いささかも弁解せぬという御決心までなされたのは何故であろうか」（前掲書）

そうズバリと切り込んだのである。

栄一は、慶喜ほどの明晰な頭脳の持ち主が、薩長に無謀な戦いを仕掛けたうえ、敗れるとあっけなく敵前逃亡し、その後は大軍を保持しながらも徹頭徹尾、恭順に徹した姿勢がどうしても解せなかったのだ。いや、理解できないどころか、いくら主君とはいえ、あまりにも情けなく、臣下に対してむごい仕打ちだと密かに憎んでいた。

なぜならそのせいで、養子の平九郎は若き命を散らし、喜作は今なお蝦夷地で徳川の意地を見せようともがいていたからだ。

この質問に対し慶喜は、「今さら左様の繰《く》り言は甲斐なき事である」（前掲書）と一切口を開かず、話を外《ほか》に転じてしまった。

栄一が慶喜の真意を理解するにいたるのは、それからおよそ二十年後のことだったという。栄一と慶喜の交流は、慶喜が死ぬまで続いていくのだが、親しく接していくなかで、ようやく二十年近く経って、慶喜の心の内を察することができるようになったのだ。

栄一は、その理由を次のように推しはかった。

慶喜が鳥羽・伏見で武力衝突を起こしたのは本意ではなく、幕臣の勢いにおされ仕方なく京都への進撃を許した結果であり、新政府に徹底恭順したのは「薩長から無理としかけた事ではあるが、天子を戴《いただ》いておる以上は、その無理を通させるのが臣子の分《ぶ》であると、かく御覚悟をなされたのだという事を理解した」（前掲書）。もし慶喜が「小勇に駆られ、卒然として干戈《かんか》を執《と》って起たれたならば、この日本はいかなる混乱に陥ったか、真に国家を思うの衷情《ちゅうじょう》があれば、黙止せられるより外に処置はなかったのであるという事を、しみじみ理解したのである」（前掲書）。

そして、改めて慶喜の気持ちがわかってみると、「他人よりは逆賊と誣《し》いられ、怯懦と嘲《あざけ》られても、じっと御堪えなされて、終生《しゅうせい》これが弁解をもなされぬというは、実に偉大なる御人格ではあるまいかと、尊敬の念慮はいやまし切なるのであった」（前掲書）と大いに感激し、朝敵に貶《おとし》められた慶喜の公正な評価を後世に残したいと考え、慶喜の伝記編纂を思い立ったのである。

私は、栄一のように慶喜の行為を手放しでほめることはできない。とくに臣下に徹底抗戦を告げながら、家臣を見捨てて大坂城から逃亡したことは責められてしかるべきだろう。ただ、この人の偉さは、維新後、己の存在を消しつづけたことであろう。維新後、廃藩置県、征韓論争、佐賀の乱、西南戦争、紀尾井坂の変、自由民権運動など、少なくとも十数年間は政府存亡の危機がたびたび起こっている。もし最後の将軍が反政府組織と手を結んで旧臣に檄を飛ばしたら、あるいは政府は転覆できたかもしれない。それだけの手腕と影響力を、あえて慶喜は封じたのである。これについては、大いに評価していいと思う。

ともあれ、慶喜の生き様に感銘した栄一は、歴史家としても有名な旧幕臣・福地源一郎に伝記の製作を頼んだが、なかなか手が付かないまま福地は亡くなってしまった。そこで今度は歴史学の大家である東京帝国大学の萩野由之《よしゆき》博士らに依頼。同時に栄一は、大金をはたいて各地から慶喜関係の史料を集めさせ、二十年以上の歳月をかけ、大正時代にようやく『徳川慶喜公伝』を完成させたのである。

当初、慶喜は伝記の編纂に強く反対していたが、新政府から別家を興すことを認められて爵位をもらい、明治天皇にも謁見を許され、さらに、東京に移り住むようになると、その気持ちも大きく変わり、むしろ積極的にこれに関与するようになった。

　ところで私は、この慶喜という人の生き様が、のちに大実業家になる栄一の国家観や処世観にとりわけ大きな影響を与えたのではないかと思っている。

　国家的な観点から恭順を貫き、己の行為を弁解しないという慶喜の覚悟。そこから栄一は、人は「私を棄《す》てて公《おおやけ》に徇《したが》う」「その功労の世間に表われることを求めず、その苦心に対する報酬を望まぬのみならず、他より毀損《きそん》せられても、他より侮辱せられても、毫《ごう》もその精神を動かすことなく、一意国家のために身命を擲《なげう》って顧みざる偉大な精神」（前掲書）を持つべきだという確固たる信念を有するようになった気がするのだ。

　それまでの栄一は、確かに有能な人物だったが、私心を捨てて大局的に行動する犠牲的精神はあまり感じられない。ところがヨーロッパという異世界を覗いた影響もあろうが、明治以降、有能さに仁徳が加わったように見えるのだ。

　これから述べるように、渋沢栄一は日本資本主義の父と呼ばれる偉大な経営者になる。だが、その活動は、単なる経営者という枠組みにおさまるものではなかった。あきれるほど多種多様な活動を、次々と精力的にこなしていった。社会福祉事業、教育事業、民間外交などはその代表だ。決してそれは、自分自身の欲望を満足させるためでなく、単に資本主義の発展を目指すものでもない。おそらく栄一は、本気で日本の発展や国民の幸福を願い、そのためには己の命を投げ出してもよいという強い覚悟を胸に秘めていたように思えるのだ。そしてそれはやはり、主君・慶喜の「国難を一身に引き受けられ、終始一貫してその生涯を終えられた」「大なる犠牲的観念」（前掲書）に触発されたからではないかと思うのである。

渋沢栄一の死生観や滅私奉公主義については、これからおりに触れて語ろうと思うが、話がだいぶ先まで進んでしまったので、慶喜に対面した後に場面を戻そう。

慶喜に謁見した栄一だが、この後すぐに静岡藩庁と一悶着起こしている。

栄一は、慶喜に昭武の様子を伝えた後、すぐに昭武のもとに戻り、直接復命すると約束していた。ところが慶喜の返書はもらえず、静岡藩からいきなり勘定組頭に任じられたのである。

そこで勘定所へ出向いた栄一は、勘定頭（上司）の平岡準蔵《じゅんぞう》と小栗尚三に面会して「自分は慶喜公の返書を持って民部公子（昭武）のもとへ行くことは申し上げていたのに、そのお沙汰がないまま、役職を拝命しました。ありがたいことではありますが、とにかく早くお返事をいただいて水戸へ参りたいのです」と告げた。そこで平岡がわざわざ藩の実質的トップである中老の大久保一翁《いちおう》のもとへ出向き、その理由を尋ねてくれた。

　戻ってきた平岡は、栄一に次の大久保の言葉を伝えた。

「水戸への御返事は別に手紙を遣すから足下（あなた）の復命には及ばぬ、藩庁で必用があって勘定組頭をいい付けたのだから、速やかに御請をして勤仕するがよい」（『雨夜譚』）

　これを聞いた栄一は、怒りのあまりその場で平岡の前に辞令書を投げつけ、「ヘエ左様なら私はこの請けは出来ぬから御免を蒙《こうむ》ります」（前掲書）と立ち去ったのである。

　さぞ、平岡や小栗は面食らったことだろう。

　ただ、じつはこの措置は、慶喜の栄一に対する思いやりであった。

　水戸藩から「ぜひ栄一を召し抱えたい」という要望が慶喜のもとに届いていたのだ。もちろん、二年間栄一に世話になった昭武本人の強い希望であった。しかし慶喜は、「もし栄一が水戸へ行けば、水戸藩士たちは嫉妬し、栄一の身が危うくなるかもしれない。それに、栄一は我が藩にとって必要な人間。だから水戸へ行かせるわけにはいかない」、そう考えたのだという。

　この真意を大久保一翁から直接聞いた栄一は、自分の短気を恥じ、素直に謝した。ただ、藩の役職に就くことだけは固辞した。栄一が静岡に来たのは、世をすてて慶喜の傍らに住むことだったからだ。それに、藩というものは長く続かず、要職に就いても意味はなく、「むしろ農商の業に従事して、平穏に残生を送る方が安全である」（前掲書）と確信していたからである。

## 新政府への出仕

とはいえ、結局栄一は、静岡藩徳川家のために、かつての経済官僚としての手腕を早々に発揮しはじめる。この男の性格上、藩の窮状を知ってしまったら、それを黙って見ていることができないからだ。

新政府は、発行した新紙幣「太政官札（正貨との交換を保証しない不換紙幣）」を広く普及させるため、強制的に諸藩に紙幣を貸し付けて利子をとる政策をすすめた。静岡藩でも五十万両以上をおしつけられていた。これを知った栄一は、この借財を確実に返すため、先の平岡準蔵に自分の腹案を提示した。

この五十万両以上の紙幣を藩の財源には組み込まず、別途に殖産興業の原資として運営し、利益を出して政府への返納金にあてるべきだと説いたのである。具体的には、静岡の商人たちに呼びかけ、西洋の「共力合本法」を用いた「商法会所」を設立し、太政官札で穀物や肥料の買い入れ、領民への融資をおこなったらよいと提案した。

藩庁が栄一の計画に同意すると、さっそく紺屋《こうや》町の家屋を事務所として十二人の商人とともに「商法会所」を設立、栄一が頭取に就任した。商法会所はまもなく軌道に乗り、利益を上げるようになったという。

そんな栄一のもとに、思わぬ通知が届いた。

新政府からの出仕命令であった。けれど栄一は、静岡藩に身を捧げようと思っていたので、その命令を拒んだ。ところが大久保一翁が「これは政府の厳命であり、もし断れば、静岡藩が有用な人材を隠していると受け取られ、藩主の家達に迷惑がかかる」と言うではないか。

そこでしぶしぶ東京へのぼり、政府の太政官（行政の最高官庁）へ出向いたところ、いきなり民部省（のちに大蔵省と合併）租税正の辞令を渡されたのである。今でいえば、財務省主税局長のような重要なポストであった。このときまだ栄一は二十九歳だ。

そんな高官に栄一を推挙したのは、郷純造《ごうじゅんぞう》という人物であった。郷は栄一と同じように豪農出身だったが、やがて幕臣となり、維新後は大蔵少丞として大蔵省の実務をになっていた能吏だった。が、驚くべきことに、郷は栄一とは一面識もなかったのである。しかし、栄一の理財の才を噂で聞きつけ、その登用を政府に働きかけたのだという。

これはぜひ知っておいてほしいのだが、必ずあなたの言動を見ている人がいるということである。とくに才能を持つ有為な人間を、世の中が放っておくことはないのだ。

浪人時代、新井白石の博学ぶりを知った豪商たちはこぞって彼を婿に迎えようとしたし、貧乏旗本だった勝海舟の勉学ぶりに感心した豪商の渋田《しぶた》利《り》右衛門《えもん》は、彼にポンと二百両の大金（今でいえば一千万円にはなるだろう）を与えている。

これについて栄一も、次のように述べている。

「青年のうちには、大いに仕事したいが頼みに行く人がないとか、援《ひい》てくれる人がないとか、見てくれる人がないとか嘆《かこ》つ者がある。なるほど如何なる俊傑《しゅんけつ》でも、その才気胆略《さいきたんりゃく》を見出す先輩なり世間なりがなかったなら、その手腕を施すによしないことだ。そこで有力な先輩に知己《ちき》を持つとか、親類に有力な人があるとかいう青年は、その器量を認められる機会が多いから、比較的僥倖《ぎょうこう》かもしれぬけれども、それは普通以下の人の話で、もしその人に手腕があり、優れたる頭脳があれば、仮令《たとい》早くから有力な知己親類がなくても、世間が閑却《かんきゃく》してはいない」（『論語と算盤』角川ソフィア文庫）

至言であろう。事実、栄一は縁もゆかりもない郷純造によって見出されている。繰り返しになるが、才能ある人物は、どんなところにいても、決して世間は長年放っておかないものなのだ。職場や仕事に恵まれないと自暴自棄にならず、与えられた場で全力を尽くすこと、それが大事なのだと思う。

だが、もったいないことに栄一は、数日後に郷の上司であった大隈重信大蔵大輔の屋敷を直接訪ね、「私は慶喜公のもとで会社経営に励みたい。できたばかりで混沌としている民部・大蔵省内で、何をしたらよいかもわからないのです」と辞意を漏らした。

するとこれを聞いた大隈は、「新政府は、八百万の神の集まりなのだ。みんなそれぞれが手探りで頑張っている。私もそうだ。だからおまえもどうか神の一柱として新しい日本の国づくりに参加してほしい」と依願したという。

さらに「足下（あなた）が事を知らぬというけれども、知らぬといえば誰でも実験（体験）のあるというものは一人もない。今足下の履歴を聞くに、やはり我々と同じく新政府を作るという希望を抱いて艱難辛苦《かんなんしんく》した人である、されば出身の前後はともかくも元来は同志の一人であります、畢竟《ひつきよう》維新の政府はこれから我々が智識と勉励と忍耐とによって造り出すもので、殊《こと》に大蔵の事務については少しく考案もあるから、是非とも力を戮《あわ》せて従事しろ」（『雨夜譚』）と説得されたのである。

大隈は弁舌爽やかで、のちに国民的政治家として人気を博す人なので、さすがの栄一も、巧みな大隈の慰留に感銘してしまい、ついに政府内に入ることを了承したのだった。

## 経済官僚として八面六臂の活躍

組織にとって必要な人材とは、組織を良くしようとする人間である。当たり前すぎる言葉だが、実際にはそうした人材が少ないのが現実だ。とくに大きな組織だと、安心感からか、それまでの慣例にどっぷりつかり、何も考えずに惰性で動いて報酬をもらっている人が多い。しかし、できる人間は違う。組織の欠点やおかしな点を見つけると、それを改善しようと積極的に動く。黙っていられないのだ。渋沢栄一がまさにそうだった。

一橋家に仕官したとき栄一は家臣たちの無能さにあきれ、新参者のくせに次々と慶喜に改革や新案を直言して財政を好転させてしまった。静岡藩に来たときも、洋行帰りの知識を活かして商法会所を設立して改革に取り組みはじめた。

今回の大蔵省（当時は民部省と一時的に合併されていた）でもそうだった。

栄一が職場に来てみると、内部は混乱を極め、職員はその日の業務に追われて何も考えずにひたすら仕事をこなし、夕方になればさっさと退庁した。

そこで栄一は、上司の大隈に対し「現今目撃した有様《ありさま》では、過日御説を承《うけたまわ》った諸般の改正はとうてい為し得られぬことであろう」（『雨夜譚』）と直言し、「真正に事務の改進を謀《はか》るには第一その組織を設くるのが必要で、これらの調査にも有為の人才を進めてその研究をせねばならぬから、今省（民部・大蔵省）中に一部の新局を設けて、およそ旧制を改革せんとする事、または新たに施設せんとする方法・例規等はすべてこの局の調査を経てそのうえ時のよろしきに従ってこれを実施する、という順序にせられたい」（前掲書）。

このように栄一は、省内にエキスパートが集まるシンクタンクのような部局をつくり、その部署でさまざまな政策や法律の調査・立案・検討をすべきだと進言したのだ。

偉いのは大隈である。「自分もそうした部署をつくりたいと考えていた」と答え、即座に民部省改正掛を創設、栄一を掛長としたのである。しかも、である。改正掛職員の人選すら、栄一に委ねたのだ。できる部下にとっては、最高の上司であろう。

そこで栄一はさっそく、政府内から洋書の翻訳ができる者や文筆にすぐれた者を集め、さらに静岡藩（徳川家）から前島密、赤松則良《のりよし》、杉浦愛蔵、塩田三郎などを呼び入れ、あわせて十二、三人のチームを作り上げた。明治三年（一八七〇）春のことであった。

それからの栄一率いる改正掛の活躍は、すさまじいの一言に尽きる。

鉄道の敷設、郵便制度の創設、新暦への転換、度量衡の統一、租税制度の改革、新貨幣制度の設置など、多くの政策を矢継ぎ早に手掛けていった。

意外に思うかもしれないが、世界遺産に登録されている富岡製糸場の設置も、栄一の業績の一つであった。

新政府は殖産興業のため、軽工業や農業の分野で民間の手本となる国営工場（官営模範工場）を設置していった。こうした工場を通じて、民間企業の発達をうながしたのだ。軽工業分野では、品川硝子《ガラス》製造所、愛知紡績所、深川工作分局（セメント製造）、札幌開拓使麦酒醸造所などがつくられたが、とくに有名なのが、世界遺産にも登録された富岡製糸場だろう。

生糸は、幕末の主力輸出品だった。しかも生糸は、蚕とそのエサになる桑はすべて国産、つくって売ればそのまま外貨が獲得できた。国家にとってこんなにおいしい商売はない。とはいえ、ヨーロッパの生糸に比べると、日本のそれは品質が劣っていた。そこで政府は、列強に引けを取らない高品質の生糸が製造できるよう、明治三年（一八七〇）、官営の製糸工場の設置を決定したのである。その責任者に任じられたのが、渋沢栄一だった。

もともと渋沢家では藍玉製造とともに養蚕を手広くやっており、栄一自身も製糸業に詳しかった。そこで栄一は、伊藤博文らと詳しい建設計画を立て、フランスから技師のブリューナを招き、三百台の最新式製糸器械を設置することにした。このおり栄一は、日本側の工場責任者として、師で義兄の尾高惇忠をあてたのである。以後、この事業は、惇忠が中心となって推進されていく。惇忠は、来日したブリューナとともに工場地の選定や建築資材の調達にあたり、明治五年（一八七二）に無事に工場を完成させ、操業を開始した。惇忠自身も初代場長の地位に就き、富岡製糸場の運営にあたった。

　とはいえ、立ち上げには非常に苦労している。製糸場には主に士族の娘たちを勤務させる予定だった。ここで彼女たちに製糸技術を磨いてもらい、その後、各地の民間工場で指導者として力を発揮してもらおうと期待したのだ。ところが、当初のもくろみは大きく狂ってしまう。工女の募集をかけても、ほとんど応じる女性がいないのだ。

　理由は、まことに意外なことであった。

　富岡製糸場の工女となった松代藩士の娘・和田英は、その理由を日記に残している。

　そこには、西洋人に対する恐怖心が記されていた。当時、西洋人は人を食べたり、生き血を吸ったりすると信じられていたのである。富岡製糸場には、ブリューナやフランス人女工たちがいる。そんな恐ろしい化物がいる場所に、人なんて集まるはずがないだろう。

これを知った惇忠は、思い切って自分の長女・ゆう（十四歳）を工女にした。さらに、地元から農民の娘たちを次々と工女に採用。その結果、ようやく噂は霧散し、人数がそろったのである。

ただ、工女が西洋の製糸技術を覚えるのは大変だったようで、和田英の日記を見ると、仕事がうまくいかない日には「泣きました」と書いてある。ちなみに英は、一年四カ月ですべての技術をマスターすると、民間企業に入って指導者として自分の覚えた技術を工女たちに伝習していった。時には経営者に向かって「そんな生糸のつくり方はダメだ」と喧嘩をしており、質の良い製品をつくり、世界のなかでの日本の地位を上げようという使命感が見てとれる。

いずれにせよ、栄一やその後を継いだ惇忠の涙ぐましい努力があればこそ、日本の生糸は明治時代も輸出の主力となり、さらに世界一の生糸輸出国となっていくのである。

後年、この時期のことを栄一は、以下のように回想している。

「明治維新は我国にとって長夜の眠《ねむり》を覚したと等しい大変革期であった。旧制度旧習慣が破壊されたと共に、新文明は非常なる勢力をもって輸入されたが、それに連れてまた各種の事業も計画せられ創業せられた。而して当時、これらの事業に関係していたものの中について能《よ》く成功したものを見ると、多くは国家的観念をもって従事した事業であるゆえに、明治初年における事業界の状態は、ほとんど国家の利益のために奔走したものであった。かくして交通、運輸、通信、金融等より各種の商工業に至るまで、新文明の恩沢に浴することができ、日本はここに二千余年来の旧衣を脱することとなった」（渋沢栄一著『青淵百話・乾』同文館）

そう語る栄一だが、まさに我が身を顧みず、「国家的観念」をもって「国家の利益のために」「各種の事業」を計画し、実行した多くの政治家、官僚、実業家がいたからこそ、日本はこれほど短期間に近代化をなしとげることができたのだろう。

## 政府を下野し、実業家に転身

官僚時代の渋沢栄一の最大の功績は、今も教科書で習うように、国立銀行条例を制定したことである。

これより前、栄一は政府の金融政策の混乱を収拾すべく、さまざまな取り組みをおこなっていた。

先述のとおり、新政府は大量に太政官札を発行して諸藩におしつけた。この太政官札は、不換紙幣であった。金・銀（正貨）との交換を保証している紙幣を兌換紙幣、できない紙幣を不換紙幣という。

兌換紙幣を発行するには、発行元は発行額と同じだけの金・銀を備蓄しておくのが原則だ。いっぽう、不換紙幣は正貨との交換を保証していないので、兌換紙幣と比べると信用が薄く、その価値は低い。新政府は、豪商からの御用金だけでは戊辰戦争の戦費が足りず、不足分を太政官札や民部省札などの不換紙幣でまかなった。でも、できたばかりの政府の信用は薄いから、太政官札などは、一時はその価値が額面の四割近くまで下がってしまった。なのに、わずか二年間で四千八百万両という膨大な紙幣を印刷したのである。

さらに民間の為替会社（政府が主導して設立させた金融機関）も紙幣の発行を認められたので、金融市場は大混乱となった。

そこで栄一ら改正掛が中心になって、明治四年（一八七一）五月に新貨条例を出し、旧幕府時代の金・銀・銭という通貨制度を改め、十進法の円・銭・厘《りん》を単位とする新硬貨をつくることにしたのである。

ところが同年七月、廃藩置県が断行され、地上から一気に二百六十の藩が消滅することになった。多くの藩は、財政難から藩札を発行していた。ゆえに廃藩がおこなわれるタイミングで、大蔵省は速やかにその交換方法に関する法律を出す必要があった。そうしなければ経済はますます大混乱だ。

このとき栄一は、上司の井上馨大蔵大輔のもとで「わずかに両三日の間にその方法を立案して、数十枚の処分案を条記し、これを井上の手《て》許《もと》へ出した」（『雨夜譚』）のである。すさまじい仕事量だった。

なお、新貨条例は、金本位（金を正貨として兌換する）制をたてまえにつくられたが、まったく兌換制度は確立できていないから、翌年に新しい政府紙幣が発行されたものの、これもまた不換紙幣だった。ただ、外国との貿易取引は別だった。外国商人は、新政府の不換紙幣などまったく信用していないので、開港場では銀貨（貿易銀）が使われた。

もちろん政府もこの状態はまずいと考えていたので、国内で兌換制度を確立しようとし、渋沢栄一が中心となって同五年（一八七二）、今度は国立銀行条例を制定したのである。

この法律は、民間の商人や地主の財力でもって政府の不換紙幣を回収させ、同時に彼らに兌換紙幣を発行させようというねらいを持っていた。

アメリカのナショナルバンクの制度を参考にしたので、直訳して「国立銀行」としたが、繰り返すが、民間人に銀行をつくらせて兌換紙幣を発行させようとする法律で、国立の銀行をつくるための法律ではない。

同法に基づいて最初に設立されたのが、第一国立銀行であった。そして、その頭取には、栄一自身が就任した。

でも、その後に設立された銀行は、たった三行だけだった。というのは、民間銀行が兌換紙幣を発行するそばから、その紙幣がすぐに銀行に舞いもどり、正貨と交換されてしまう現象が起き、備蓄した正貨が底をつき、各銀行が経営難に見舞われたからだ。

とはいえ、銀行が設立されないと金融制度は発達しないので、明治九年（一八七六）、政府は仕方なく、国立銀行条例を改正して兌換義務を廃止した。すると今度は、続々と銀行が設立されて多くなり過ぎ、政府は明治十二年（一八七九）、第百五十三国立銀行を最後に銀行の新設を禁止した。

少し話が進み過ぎたが、栄一は第一国立銀行の頭取になったと記したが、官僚（公務員）である栄一が民間銀行の頭取になれるはずはない。ご想像のとおり、じつは栄一はこのとき政府を下野してしまっていたのである。

直接的な要因は、大蔵卿の大久保利通と対立したことにあった。

栄一は、上司の井上馨とともに健全財政につとめ、各省の無謀な予算要求を抑え、「歳出入の統計表を作り、専ら量入為出〔入るをはかりて出ずるをなす〕の方針に拠って各省経費の定額を設け、その定額によって支出の制限を定めようと企て」（前掲書）ていた。

なのに大蔵卿の大久保は、陸軍や海軍の軍事費の増額に同意したうえで、大蔵権大丞の栄一、谷鉄臣、安場《やすば》保和《やすかず》を招いて意見を聞いてきたのだ。そこで栄一は、計画していた財政政策を大久保に語り、増額には強く反対した。すると大久保は不機嫌になり、「歳入の統計が明瞭になるまでは陸海軍へは経費を支給せぬという意念であるか」（前掲書）と詰問してきたのである。この瞬間、栄一は辞職を決意したという。

ただ、すでにこれより前、栄一は政府を辞めたいと考えていた。栄一の功績は大いに評価され、大蔵権大丞へとスピード出世したが、明治四、五年頃から実業界に入りたいと思うようになったからである。

栄一は、近代社会の形成は、政府主導ではなく民間主導でなしとげるべきであり、それには「官尊民卑の打破」が急務だと考えていた。ところが官僚として商人たちと接するなかで、彼らに学問もなければ気概もなく、役人に平身低頭する卑屈な姿を見て失望する。

そこで栄一は、「今日の商人ではとうてい日本の商工業を改良進歩させる事は成し能《あた》わぬであろう、ついてはこのさい自分は官途を退いて一番身を商業に委《ゆだ》ね、およばずながらも率先してこの不振の商権を作興し、日本将来の商業に一大進歩を与えよう」(前掲書)という気持ちが強くなったのである。

さらに「欧米諸邦が当時のごとき隆昌《りゅうしょう》(隆盛)を致したのは、全く商工業の発達している所以《ゆえん》である。日本も現状のままを維持するだけでは、いつの世か彼らと比肩し得るの時代が来よう。国家のために商工業の発達をはかりたい。という考えが起って、ここに始めて実業界の人となろうとの決心が付いたのであった」(『青淵百話・乾』)と述べているように、国家的な観点から己の生涯を実業界に投じ、欧米列強と肩を並べる日本を創ろうと決心したのである。

つまり大久保とのやりとりが、下野を思案していた栄一の背中に最後のひと押しを加えたのである。

ちなみに上司の井上馨は、予算を削られた司法卿の江藤新平とその問題をめぐって激しく対立、同時に尾去沢鉱山に関する汚職を江藤に責めたてられ、明治六年(一八七三)五月三日、やむなく部下を集めて辞意を告げた。このとき栄一も、井上の慰留を退け、共に野にくだったのである。

なお、辞職にあたり、栄一は政府に批判的な財政上の意見を記し、それを井上に披露した。するとこれを一読した井上は、「自分もまったく同意見だ」と大いに喜び、連名でもって三条実美《さねとみ》太政大臣を経て政府（天皇）に奏上したのである。同時にこの建白書は、曙《あけぼの》新聞に全文を掲載し、世間にも公表した。

そこには、政府に対する激しい批判と、政府の収入がわずか四千万円に過ぎぬのに、予算は五千万円にのぼり一千万円の不足に陥っていること、政府の負債額が一億二千万円にのぼることが記されていた。政府の内情を暴露したのである。

これは、政府内でちょっとした騒動に発展した。司法卿の江藤新平がひどく怒り、「政府の秘密を漏洩した」として、井上馨に罰金を科したからである。

この騒ぎについては、三菱商会を発足させたばかりの岩崎弥太郎の耳にも入った。

弥太郎は、弟の弥之助に宛てた手紙（明治六年六月四日発信）のなかで、この事件について次のように記している。

「聞多（井上馨）落職（職を失い）、面目もなき余りより（恥をかいたので）さわぎ出で候か、その建白書を新聞紙屋へ出す。この事、大不都合の訳（とんでもないことだ）と相成り、司法処（省）より臨時の裁判所を起こし、井上聞多をとりつめ（きびしく責め）に相成り居り候由。もっとも司法よりは封事（天皇に上奏する文書）にて事件責問（罪に問う）の様子なり。聞多も此度は醜態を極め居り候。一笑すべきなり。正院（行政の最高機関）にも板垣、大隈、後藤、江藤、大木等参議（政府の閣僚）なり」「国事も前条申進候通り（このように）、紛紜《ふんうん》たらだらにて（ごたごたしているが）、其の中心は一般に仮公営私の闘争なり」（『岩崎彌太郎日記』）

　このように井上馨が秘密漏洩によって司法卿の江藤につるし上げられていることをあざ笑い、なおかつ、後藤や板垣など土佐藩出身者が政府のトップである参議になったことを伝え、そんな彼らがやっていることは、「公に名を借りたくだらぬ闘争に過ぎぬ」と馬鹿にした。

　続けて弥太郎は、そんな政府の要人たちに対し、「我等は局外に一旗鼓《きこ》を擁《よう》し、群雄の疲労を相待ち候なり」「当時政府の官人等の為すところを知るべし、我は別段に一商会を経営し、往々絶大の事業に致し、天下横行の猛威を示したく、日夜配慮いたす所なり」（前掲書）と述べている。なんと、気宇壮大な言葉であろうか。

　なお、弥之助宛て書状（六月二十日発信）には曙新聞の建白書の内容はデタラメであることを述べるとともに、「渋沢は三ツ井組の国立銀行へ入り商業を志し」（『岩崎彌太郎日記』）とあり、弥太郎が栄一をすでに認識していたことがわかる。

ただ、井上馨はその後まもなく政府に復帰して農商務大臣、大蔵大臣、内務大臣、外務大臣など政府の閣僚を歴任し、元老にまでのぼる。そんな井上をことさら弥太郎が嫌ったのは、大蔵省時代の井上が作らせた半官半民の日本国（帝国）郵便蒸汽船会社（明治五年設立）が三菱商会の最大のライバルで、当時激しい競争をしていたからだ。これについては、のちほど詳しく説明しよう。

井上と栄一は同時に下野した後、商社「先収会社」を益田孝《ますだたかし》とともに立ち上げている。益田も大蔵官僚で、井上とともに下野している。やがて益田が先収会社の経営の中心となり、そのまま同社は三井物産に転じ、益田が社長におさまった。こうしたことから井上は三井組と深い関係となり、栄一もそんな井上や益田と親しいことから、三井組と組んで多くの会社を立ち上げるようになったのである。

ともあれ、こうしておよそ三年半に及ぶ渋沢栄一の官僚生活は終わりを告げ、いよいよ実業の世界へと飛翔することになった。

# 二、三菱の誕生と発展

## 九十九商会から三菱商会へ

前項で明治元年（一八六八）十一月に帰国してから明治六年（一八七三）五月に下野するまでの栄一の動きを詳しく紹介した。フランスから戻り、慶喜がいる静岡藩で財政改革に取り組んだが、まさかの新政府への出仕。以後、三年半のあいだ民部・大蔵官僚として新国家の諸制度を整備するため八面六臂の活躍をした。そしてついに明治六年（一八七三）、実業界へと入っていくのである。

この間、岩崎弥太郎の人生も激変している。

長崎から大阪へと商活動の拠点を移し、土佐藩の発展のために努力した弥太郎だが、やがて廃藩置県によって土佐藩が消滅すると、藩の財産を引き継いで士族授産のために事業を継続した。ただ、その主力は交易ではなく、海運に置くようになった。さらに明治六年（一八七三）、いよいよ三菱商会を創業、海運事業を展開していくのである。

では、これから弥太郎の三菱創業、そして、事業拡大の様子を詳しく見ていこう。

弥太郎は、明治二年（一八六九）七月に開成館幹事心得を拝命、開成館大阪出張所（以後、大阪商会と呼ぶ）へ異動した。土佐藩はそれまでの功績を認め、同年十二月に権少参事、さらに翌年閏十月に少参事に抜擢した。少参事というのは、かつての藩の中老にあたり、立派な重臣の仲間入りであった。地下浪人からの驚くべき栄達であり、弥太郎に対する土佐藩の期待の大きさがわかる。このとき弥太郎は三十七歳であった。

以後、長崎で取引のあった外国商人にくわえ、大阪の豪商たちとも大々的に商売をはじめた。ただ、豪商との取引は、土佐藩蔵屋敷がになってきたので、蔵屋敷の責任者である真辺《まなべ》栄三郎《えいざぶろう》と対立するようになった。かつて真辺は弥太郎を引き上げてくれた恩人で、上司でもあったのだが、こと商売については譲れず、結局、弥太郎の強い主張により、土佐藩は真辺を解任、弥太郎に豪商との商売を一任した。

それからは秋田藩、二本松藩、盛岡藩など、他藩の貿易代行業も請け負い、さらに海運業などにも進出し、大阪商会はその業績を急激に伸ばしていった。ところが明治三年（一八七〇）八月、新政府は、「各藩の商業活動は民間企業の育成を阻むので、これからは蔵屋敷等は禁止する」という命令を出したのである。

とはいえ、大阪商会は藩の財政を潤していたため、そうすんなりと政府の指示に従うことができない。そこで藩庁は、苦肉の策として商会を藩会計から分離したうえで、九十九《つくも》商会と名乗らせて私商社のように見せかけたとされる。

ただ、武田晴人著『商会之実ハ一家之事業ナリ　岩崎弥太郎』（ミネルヴァ書房）によると、この時期、後藤象二郎らに批判的な谷干城たちが土佐藩の実権を握り、藩政改革に着手したが、彼らは「開成館の放漫財政を徹底的に批判し」、業務の縮小や西洋人との金銭取引の禁止、物産の取扱の民間商人への委託といった方針を示していたという。そのため、九十九商会の設立は、開成館の事業を残すための「別働隊となるダミーの商会」であった可能性も指摘している。

いずれにせよ、この時期に土佐藩船の多くは、九十九商会の所有となった。そんなこともあり、商会の主業務は、貿易や商取引から海運（汽船回漕）業へと傾いていったのだ。

ちなみに、こうした変則的な業態が解消されたのは、翌年七月のことである。

廃藩置県が断行され、土佐藩自体が消滅してしまったからである。弥太郎の藩士としての商活動も、このときをもって終わりを告げた。弥太郎は東京へ出向いて少参事の職を辞し、九十九商会の解散を決めた。ところが、藩の重鎮だった後藤象二郎が、そのまま事業を継続するよう説得してきたのである。さらに、初代高知県令となった旧土佐藩士の林有《ゆう》造《ぞう》なども、「実業に成功を得るは、豊太閤（秀吉）の雄略（雄大な計画）を必要とする、君はよろしく一大才幹（能力）を発揮して、業界の豪傑になるべし」（『岩崎彌太郎傳　下巻』）と、やはり実業界で活躍するよう強く勧めたのである。

そこで仕方なく、弥太郎は九十九商会で使用していた「夕顔」と「鶴」という蒸気船を四万両で買い取り、個人の事業として商活動を続けることにした。ただ、会社名は三ツ川商会とした。これは、部下の川田小《こ》一郎《いちろう》、石川七財《しちざい》、中川亀之助（森田晋三《しんぞう》）の三名の姓をあわせたものだとされる（異説あり）。

旧土佐藩の重役たちが弥太郎に事業の継続を要望したのは、繰り返しになるが、それが士族授産になると考えたからだと思われる。廃藩によって旧土佐藩士たちは、仕事を失ってしまった。禄は新政府が肩代わりしてくれるというものの、かなりの減額になったうえ、藩が消滅したので役料（藩の役職に与えられる報酬）も出ない。そういった意味で、三ツ川商会は、高知県士族（旧土佐藩士）たちを救う組合会社的なものと考えてよいかもしれない。

ただ、弥太郎はいまいち会社経営に乗り気ではなかったらしく、明治五年（一八七二）

正月には高知県庁に対し、購入した「夕顔」と「鶴」を返還したいという要望書を出している。どうも、商売からの引退を考えていたようだ。

のちの三菱商会の社員・浅田正文《まさぶみ》は、「如何《いか》なる理由の在せしや詳《つまび》らかならざるも、岩崎氏は川田、石川、中川三氏に一切の営業を任せて、一時身を直接営業より退きたることありしも、その結果面白からず、再び経営主宰の全権を委《い》することとなり、名称を変更して三菱商会と称せり。それより三氏との関係は主従の間柄となり、(彼らが弥太郎を)呼ぶに旦那と称するに至れり」(前掲書)

と回想しており、またも新政府に出仕したいという気持ちがわき上がってきたらしい。けれど、猟官運動はうまくいかず、まもなく弥太郎は、商会の経営を主導するようになる。ようやく政治家への道を断念したのだろう。かくして明治六年(一八七三)三月、弥太郎は三ツ川商会を三菱商会と改称したのである。その社名は九十九商会時代に使用していた商標や船旗の三つの菱形に由来する。ちなみにこのデザインは、土佐藩山内家の家紋(三ツ柏)をアレンジして幾何学模様にしたものだった。

弥太郎は翌月、アメリカに留学している弟の弥之助に、次のような手紙をしたためている。

「過日商会の名を三川と致し候えども、これは我好まず、この度三菱商会と相改め候。当時商会とは申すものの、川田（小一郎）、石川（七財）以下、我が従奴《じゅうど》のごとく相心得、まず番頭手代のあつかいにて、巨大一家を興起《こうき》（盛んに）致し候間、貴様（弥之助）にも早く進歩のうえ帰国を祈り候也」

かくしてここに、岩崎弥太郎が経営する完全なる私企業・三菱商会が誕生したのである。

## 郵便蒸汽船会社との戦い

三菱商会が産声を上げた時期は、国内には廻船問屋を含めて多くの海運業者が存在していた。そうしたなかで三菱商会が生き残り、さらには国内一、二を争う規模に発展したのはなぜなのだろうか。

一つは、それまでの弥太郎に対する外国商人の絶大な信用だ。

前述のとおり、長崎の土佐商会時代から弥太郎は外国商人の信頼を得ており、その人脈をうまく利用して多額の資金を調達できたのである。

幕末時のように、土佐藩から無理な商取引を強要されることがないので、弥太郎は借りた金は期日までに皆済した。だから外国人たちは喜んで弥太郎に融資した。また、旧土佐藩の士族授産組織である共立社からも金銭を借り入れており、旧藩時代の人脈もフルに活用している。ともあれ、かつての信用によって、弥太郎は取引先の開拓にあくせくする必要はなく、資金の調達にも四苦八苦せずにすんだのである。

発展の理由の二つ目は、徹底的なサービス戦略であった。

弥太郎は、社員全員に「自分たちが士族であることを忘れろ」と厳命し、客への尊大な立ち振る舞いを許さず、丁重な応対を指示した。なんと、社員全員に商人の格好である前垂れを着用させたというから徹底している。社員は元武士だったので、尊大な者も多かったが、その意識を打ち砕くため、商人姿を強要したのである。ただ、どうしても重役の石川七財だけは武士の気風が抜けず、顧客に頭を下げることができなかった。

すると弥太郎は、石川に扇子を贈ったのである。このさい「客に頭を下げなくてはいけないときには、俺が与えたこの扇子を開き、そこにお辞儀をすればよい」と告げた。

そこで石川が扇子を開いてみると、小判の絵が描いてあったという。「客ではなく金になら頭を下げられるだろう」という弥太郎流の洒落だった。以後、石川も態度を改めるようになったという。うまい人材教育だ。

三つ目の発展の理由として、弥太郎が遠大な理想を語ったことが大きいと思う。

弥太郎は社員に対し「俺は国内の汽船会社に競り勝ち、さらに日本に君臨している外国汽船会社を追い払い、やがては自ら世界に進出してたくさんの海外航路を開き、どの港にも日の丸がはためくようにしてみせる」と語ったのだ。

読者諸氏は、「民間の小さな海運会社の社長が、こんな大ぶろしきを広げるとはあきれた話だ」と感じるかもしれない。が、一代で成り上がった経営者の共通点は「大ぶろしき」なのである。逆にいえば、大きな夢を語れなくては、ベンチャービジネスのリーダーとしては失格だと私は思っている。数カ月先のせせこましい営業目標をかかげ、社員を叱咤するだけのリーダーにあなたも魅力は感じないだろう。

弥太郎が言うのはとてつもなく大きな目標だが、そんな夢も毎日のように聞かされると、もしかしたら実現できるのではないかと思えてくるはず。事実、三菱の社員たちは弥太郎の夢に向かって一糸乱れずよく動いた。社長が掲げる大志、それが、三菱の台頭をもたらした一因であるのは間違いないはずだ。

ただ、最大の理由は、弥太郎個人の勝ち気で粘り強い性格にあったと思う。

弥太郎の友人である弘田久助《ひろたきゆうすけ》は、「岩崎君は天性勝気で、余程《よほど》豪気の性質である。いかなる困難に逢《あ》つても、決して弱音を吐かなかつた」（『岩崎彌太郎傳　下巻』）と回想している。

また、盟友の大隈重信も「岩崎君は困難が増加するに従ひ、その精力はますます活動しきつた、これが多くの難局を乗切つた所以《ゆえん》で、君の君たるところだ」と述べているからだ。

弱音を吐かず、どんな困難をもはねのける勝ち気な精力で、弥太郎はひたすら前に進み続けたのである。もし弱気になって立ち止まったら、たちまち大波に呑まれ、三菱という船は転覆してしまったに相違ない。

さて、明治初年の海運業は、残念ながら巨大資本である外国の汽船会社にほとんど航路を独占されてしまっていた。これを危惧したのは新政府である。そこで明治五年（一八七二）八月、政府は三井、鴻池《こうのいけ》、島田、小野といった政商（政府の保護を受けた豪商）たちにはかって、日本国（帝国）郵便蒸汽船会社を創設させたのである。

先に触れたとおり、会社の設立には、大蔵省の井上馨が部下の前島密らとともに深く関わっていた。大蔵官僚でもあった渋沢栄一も同社の役員になったとされ、この会社は政府から六十万円の補助金を交付されている。こうして誕生させた巨大な海運会社を、政府は外国の汽船会社に対抗させようと考えたのである。

ところが、思ってもいない事態が発生する。急成長を遂げた三菱商会が次第に日本国郵便蒸汽船会社と競争するようになってしまったのである。

まさに想定外の事態だった。

この競争は次第に三菱のほうが有利になっていった。サービスが徹底している三菱商会に対し、日本国郵便蒸汽船会社は半官半民の寡占企業だったこともあり、それにあぐらをかいて顧客への対応もかなり横柄だったからだ。

明治六年（一八七三）四月、弥太郎はアメリカに留学している弟の弥之助に対し、日本国郵便蒸汽船会社との競争について、次のような手紙を送っている。

「ただいま大蔵省の贔屓《ひいき》の日本郵便（日本国郵便蒸汽船）会社と我が三ツ川（三菱）商会と双方必至《ひつし》の角力《すもう》なり。郵便（蒸汽船）会社は、元大蔵省の船を一五、六艘、十五カ年賦の割払をもって引き受け、大日本郵便蒸汽船会社と（称して）政府の威勢を借り、勢いはなはだ暴猛のところ、我が三ツ川（三菱）は極々内の規則厳重にかため、内外の人望をとり候を目的といたし、川田（小一郎）等を指揮し、昨年来しきりに角立《つのだ》て接戦のところ、この節、大阪、東京の人望は申すに及ばず、天下の人皆、我が三ツ川（三菱）の強盛を知り、ヒタと我が商会依頼なり。この節段々と船を増加え、三ツ川（三菱）船当時八艘の蒸気（船）あり、追々といえども増加への事に注意し、日々強大に赴くの勢いあり。不日、郵便の廻漕社（日本国郵便蒸汽船会社）衝破《しょうは》いたし候えば、天下只《ただ》我れ廻漕全権なり」

（『岩崎彌太郎日記』）

手紙のなかで弥太郎が豪語しているとおり、激しい競争の結果、荷積問屋や荷主たちは、次第に三菱商会のほうに多く依頼してくれるようになり、三菱は日に日に力を増し、日本国郵便蒸汽船会社と肩を並べるほどに成り上がったのである。

もちろん日本国郵便蒸汽船会社の衰運は、弥太郎が手紙に記した理由だけではない。社員が労働意欲に乏しかったうえ、政府から払い下げを受けた船は老朽船の割合が高いことも不利に働いていた。それでも経営が安定していたのは、政府の年貢米の輸送を独占していたからだった。

ところが、である。明治六年（一八七三）七月の地租改正により、租税は金納となり、業務上最大の割合を占めていた年貢米の運送業務を失ってしまったのである。さらに悪いことが続く。三井組とともに同社を支援してきた小野組（豪商）が倒産してしまったのだ。政府は、小野組倒産の損害を回収するため、日本国郵便蒸汽船会社に小野組の資本金四十万円の返還を命じた。

こうして日本国郵便蒸汽船会社は、競争で三菱商会に差をつけられ、さらに経営状態も今述べた諸事情で悪化していった。

## 台湾出兵に勝負をかけた弥太郎

明治四年（一八七一）十一月、台湾に漂着した琉球の漁民五十四人が台湾の住人に殺害された。明治政府は清国に損害賠償を求めたが、清国は「台湾は我が国の領土であるが、そこに住んでいる者は化外の民（清国人化していない人間）なので清国に責任はない」と拒絶した。

そこで副島種臣《そえじまたねおみ》外務卿は政府に台湾征討を建議、三条実美《さねとみ》太政大臣が各省の重職を集めて討議させた。このとき会議に出席した渋沢栄一は「国家は疲弊して人民は窮乏に苦しむ最中である。しかるにこのさい事を外国に起して干戈《かんか》を用いんとするは実に危険千万な事で、仮令《たとい》外征に勝利を得るにもせよ、内地の商工業をこの上衰頽《すいたい》させる時は、いたずらに虚名を海外に売るに過ぎぬ事だ」（『雨夜譚』）と断固反対した。それもあって、征討案は沙汰止みとなったが、栄一が下野してからおよそ一年後の明治七年（一八七四）四月、政府はついに外交的な解決をあきらめ、台湾への出兵を決めたのである。

政府は西郷従道《じゅうどう》を台湾蕃地《ばんち》事務都督《ととく》とし、兵三千をつけて台湾へ派遣しようとした。ところが列強諸国は局外中立を宣言、このため日本で営業する外国汽船会社は兵士や物資の輸送を拒否した。困った台湾出兵の事務担当者・大隈重信大蔵卿は、日本国郵便蒸汽船会社に輸送を命じた。ところがなんと、同社の頭取・岩橋万造《まんぞう》は、大隈の依頼に難色を示したのだ。

　同社を保護してきた政府は、この回答に唖然としたが、三菱との競争に敗れつつあった岩橋としては、「今兵糧輸送を引き受けたら、国内での海運契約は三菱に奪われてしまう」と危惧したのである。それに自分たちが輸送を断れば、政府は三菱商会に仕事を依頼するしかない。しかも三菱がこの仕事を請け負えば、その間に国内シェアを取り戻せるかもしれないと考えたのだ。ずいぶんとセコい思考だが、事実、政府は仕方なく民間の三菱商会に台湾への輸送を依頼した。

　このとき弥太郎は、依頼に来た大隈重信に対し、

「今閣下の重命を辱《かたじけの》うす。光栄これより大なるはなし。敢《あ》へて力を尽して政府の重荷に耐へざらんや」（『岩崎彌太郎傳　下巻』）

　と快諾したのである。政府は大いに安堵したが、弥太郎にとっては、会社の存亡をかけた一か八かの賭けであった。しかし弥太郎は、言う。

「人間は一生のうち、必ず一度は千載一遇《せんざいいちぐう》の好機に遭遇するものである。しかし凡人はこ

れを捕らえずして逸《いっ》してしまう。古語にも『幾を知るは、夫《そ》れ神か』とある。機会は雲中に現れる蛟龍《こうりゅう》（龍の幼生）のごときもので、たちまち隠れてしまう。これを捕捉するには、透徹明敏《とうてつめいびん》の識見と、周密なる注意と、豪邁《ごうまい》なる胆力《たんりょく》が必要である」（前掲書）

危険な賭けではあったが、台湾出兵を弥太郎は「千載一遇の好機」と悟った。だから幸運の龍がたちまち雲に隠れる前に、すばやくつかみ取って己の懐へ入れたのである。

こうして三菱船団による台湾への輸送がはじまった。政府は持ち船だけでは足りなかろうと、政府所有の金川丸、東京丸、東海丸の三隻を貸与。さらにその後も、次々と船を貸し与えたのである。

嬉しいことに、このとき貸与された船舶は、台湾出兵後もそのまま委託というかたちで使用することが認められた。これは、極めて大きな特典であり、船数において三菱商会は日本国郵便蒸汽船会社を圧倒し、海運のシェアも一気に同社を抜き去った。

三菱のメリットは、これだけではなかった。日本と台湾との往復は、社員たちの遠洋航海技術を向上させることにつながり、それがのちに海外航路を開くのに大いに役立ったのだ。いずれにせよ、三菱商会の兵糧輸送業務は無事に完了し、これによって政府の信頼を得ることができた。

## 岩崎弥太郎、政商となる

明治八年（一八七五）五月、明治政府の最大実力者である大久保利通内務卿は、閣議に海運三策（「商船管掌《かんしょう》事務之義ニ付正院へ御伺案」）を提出した。これは、これからの政府の海運政策における提案である。大久保は、次の三案を参議（政府の閣僚）たちに提示して、このうちいずれを採るべきかをはかった。

一、「日本の海運事業を完全に民間に委ねてしまう」

二、「政府の保護のもと民間会社を育成し、この会社に海運事業を一任する」

三、「日本の海運業を官営とする」

こうした提案がなされたのは、台湾出兵に見られるように、万一の場合、外国の汽船会社がまったく頼りにならないことが判明したからである。

大久保は掲げた三案のうち、「自分は二つ目の案を支持し、政府が保護を与えるべき会社として、岩崎弥太郎の三菱商会を推薦する」と述べた。

それはもちろん、三菱商会が台湾出兵において大きな実績を上げたからだ。

大久保は、次のような推薦書をしたためている。

「三菱会社社長・岩崎弥太郎儀は、其社を立つるや、別に誘導説諭によらず、かつて官に依頼せず、まったく自立の業を営み、かつ名は社長と称するも其実もっぱら自家の財力をもってこれにあたり、また其業に忍耐なる、稍其事に練熟いたし候効験もこれある者」

（『岩崎彌太郎傳　下巻』）

このように、大久保は弥太郎のことを大いに買っているのだ。

結局、最大実力者である大久保の意見に反対する閣僚はおらず、政府は三菱商会を支援し、日本の海運事業の未来を委ねることを決議したのである。

なお、これより前、弥太郎は政府の駅逓頭《えきていのかみ》である前島密と会談している。駅逓頭は通信や交通を管轄する駅逓司《し》のトップであり、海運に関する政府責任者でもあった。前島は弥太郎に海運を任せようと考えており、本人の覚悟を直接確認しに来たのだ。

湯島天神町の岩崎邸を訪れた前島は、弥太郎に対し「思うにあなたは、私と同じように、海運の実際に関してはまったくの素人であるが、果たしてこの重責を全うできるのか」と尋ねた。

すると弥太郎は、「確かにおっしゃるとおりです。しかしながら、漢の高祖を考えてみてください。彼は単なる一木強漢に過ぎません。彼の周りに蕭何《しょうか》や張良、陳平がなければ満足に戦いもできず、財政を処理することもできなかった。しかしながら高祖は、部下をよく統率するという才能を持っていた。だからこそ、大業を成すことができたのではないでしょうか。私もまた然りです。海運事業の経験者など、内外にいくらでもいるでしょう。そうした人びとを用いれば、政府の海運事業を一手に引き受けることなど、決して難しいことではありません。どうぞ私のことを蕭何ではなく、高祖だと考えていただきたい」

　そう断言したのである。自分を漢の高祖に譬えるとは、何とも剛胆で、大した自信だ。

　この言葉に感激した前島は、大久保のところに行って、

「どうぞ岩崎に海運事業を任せてやってください。また、政府の船を年賦をとって貸し付けるなどというけちくさいことを言わず、政府の所有する汽船をことごとく与え、極力海運の振興を企図すべきです」と進言した。

　これを聞いた大久保は、「それは面白い。君にすべてを任せる」と同意したので、前島は三菱に海運を一任する案を作成したのである。

　同年九月十五日、内務省駅逓局は、三菱商会に対し「第一命令書」を交付した。

　その前文には、

「今般《こんぱん》本邦海運の事業を拡張せしむべき目的をもって、（略）東京丸外十二隻の汽船を（略）無代価にて其社へ下げ渡し、かつその運航費助成金として一カ年金二十五万円を給与候」

（前掲書）

とある。これにより三菱商会は、十三隻の船をタダで借りることができ、さらに二十五万円という巨額な金を下附されるという、政府の絶大な保護を与えられることになった。ただ、その代償として、政府の郵便物や政府の官物を輸送し、政府の命令で航路を開設することが求められた。さらに政府が必要なときは、船の徴用に応じることも取り決められた。

三菱への支援は、一年間の試用期間をへて十五年という長期間に及ぶことになった。また、政府によって解散を命じられる日本国郵便蒸汽船会社の蒸汽船十八隻も無償で貸与され、三菱商会は四十隻あまりの船舶を有する、日本一の海運会社に成り上がったのである。三菱商会として正式に操業を開始してから、わずか二年あまり後のことであった。

# 第四章　栄一と弥太郎の邂逅と決別

## 一、渋沢栄一と岩崎弥太郎の経営哲学

### 実業家渋沢栄一の誕生

野に下った渋沢栄一は、すぐに民間銀行の総監（実質的なトップの一人）になった。民間銀行といっても、明治六年（一八七三）に日本で初めて産声を上げた第一国立銀行である。しかも、その銀行に関する法律（国立銀行条例）を作成したのは、栄一本人であった。

まだ栄一が官僚だったとき、両替商の三井組（のちの三井財閥）から銀行の設立願いが出されていたが、ちょうど国立銀行条例を構想しているときだったので、いま少し待つように伝えていた。そしていよいよ設置するにあたって、資本金は三井単独ではなく、同じく銀行創立を要望していた小野組にも出資させ、さらに島田組や栄一自身の資本などを加えて発足させたのである。

当初、総監や頭取など銀行の首脳は複数いたが、やがて栄一が唯一の頭取となり、長年

にわたって第一国立銀行を牽引していくことになった。同時に多くの民間銀行の立ち上げや経営に関わり、日本の金融発展に大きく貢献するのである。

とはいえ、第一国立銀行の立ち上げ当初は、困難続きであった。

誕生の翌年（明治七年〈一八七四〉）、いきなり小野組が倒産したのである。小野組は資本金二百五十万円のうち、半分近い金額を出資していた。栄一にとっては、「この破産というものはほとんど青天に霹靂《へきれき》一声という有様で」「重なる株主たる小野組がにわかに破産したということでありますから、取引もずいぶん多く、関係も甚《はなは》だ密であった」ので、「銀行は大に困難いたしました」（『澁澤男爵實業講演　乾』帝國圖書出版）という苦境に陥ったが、小野組から資産をどうにか回収して切り抜け、大損害を免れることができた。

こうして資本金を百五十万円に減じて銀行の立て直しをはかろうとしたところ、今度は三井組の大番頭（総支配人）・三野村利左衛門《みのむらりざえもん》が、「もともとこの銀行は、三井組と小野組の共同出資で生まれたもの。小野組がなき今、三井の単独経営にしてもらいたい」と申し入れてきたのである。

しかし栄一は、銀行の公共性という観点から、多くの出資者を得て経営していくべきだと考えた。もし三野村の要求を入れてしまったら、三井組のための私企業になってしまう。

そこできっぱりとその提案を断り、あらたに出資者を募ったのである。結果、七十名を得ることができた。

こうした栄一の銀行に関する経営方針は、明治四十五年（一九一二）に出版された自著『青淵百話・乾』（同文館）を読むとよくわかる。

「現在自分は第一銀行において相応の勢力と信用とを維持し、株も一番多く持っているから、もし自分がこの際銀行を自由にしようと企つるならば、ある程度まで出来ないことはなかろうと思う。だが余は、明日第一銀行の頭取をやめられても差しつかえない様にしている。というのは、第一銀行の業務と渋沢の家事とは塵《ちり》一本でも混同せず、その間には劃《かく》然《ぜん》たる区別が立ててある。余は自己の地位を利用し、第一銀行の金で私利私欲をはかるというようなことは微塵《みじん》も無いのみならず、時として私財を割いてまでも第一銀行のために尽し、その基礎の安固ならんことをはかってきた」

このように、栄一は長く第一国立銀行の頭取を務めながらも、公私混同を厳しく諫め、一切の私欲をはさまずに公明正大な経営をおこない、日本の産業界に寄与しようとしてきたのだ。

のちに詳しく述べるが、栄一は会社についても一個人が経営と利益を独占することを嫌った。そこが岩崎弥太郎の考え方と大きく異なり、やがて対立にいたるわけだが、その話は後にして、翌八年（一八七五）に再び栄一を襲った危機について述べたい。

繰り返しになるが、栄一が国立銀行条例をつくったのは、日本の金融を発展させ、産業に寄与させるためであった。ただ、それだけが目的ではなかった。むしろ最大の狙いは、民間銀行に政府の不換紙幣を回収させたり、兌換紙幣を発行させたりして、通貨の安定をはかることだった。

だが、殖産興業政策や佐賀の乱、台湾出兵などで不換紙幣はますます増発され、物価は高騰していった。しかも銀行が兌換紙幣を発行するとすぐに、その紙幣は銀行に戻ってきて正貨と交換されてしまうので、銀行側が備蓄した正貨が底をつき、なかなか紙幣を発行できなくなり、経営難になってしまったのである。

そこで栄一は政府と交渉し、国立銀行条例を改正してもらい、銀行の兌換義務は免除となった。こうしてようやく銀行の経営状況は一段落する。

さて、これまで渋沢栄一と岩崎弥太郎の生涯を並列させて述べてきたが、ようやくこの時期になって、二人の人生は交叉してくる。いつ面識を得たかは不明ながら、おそらく明治五、六年段階で栄一と弥太郎は互いを認知していたはずだ。

栄一が上司の井上馨とともに明治五年（一八七二）に設立に関わった日本国郵便蒸汽船会社が、三菱商会との競争に敗れているし、前述のとおり、明治六年（一八七三）に弥太郎が弟に宛てて、栄一が第一国立銀行に入るようだと手紙に書かれているからだ。なお、明治八年（一八七五）になると、三菱商会は第一国立銀行と取引をはじめ、全国各地の三菱支社も栄一の銀行の小切手を使用するようになっている。

ちなみに栄一によれば、接触をはかってきたのは、弥太郎のほうだったという。

栄一の著書『處世の大道』（實業之世界社）には、次のように記されている。

「明治六年に私が官途を廃《や》めてから、弥太郎氏は私とも交際して置きたいとのことで、杉浦という人が紹介し、わざわざ当時私の居住しておった兜町の宅へ訪ねて来られたのである。在官中には交際したことが無かったが、それ以来交際するようになったのだ」

栄一に弥太郎を紹介した「杉浦」という人物は、残念ながら特定できない。ただ、先述のとおり、フランスへの使節団として共に随行し、のちに栄一が改正掛のメンバーとして声をかけた杉浦愛蔵の可能性もある。彼は栄一が下野した後も大蔵省に残っている。官僚として優秀な業績を残したが、過労が原因で明治十年（一八七七）に四十三歳で病没してしまった。

ともあれ、こうして栄一と弥太郎の交際がはじまった。明治十一年（一八七八）春先、隣国の清国北部が大規模な飢饉に見舞われたが、このおり栄一は弥太郎とともに義捐金を募り、それを米穀にかえて救済活動をおこなっている。また、同年には栄一の呼びかけで誕生した東京商法会議所（現・東京商工会議所）に弥太郎も加入し、その役員になっている。ただ、本格的に実業面で協力したのは、翌十二年（一八七九）の東京海上保険会社の設立が初めてだった。

## 三菱、外国汽船会社を駆逐す

今述べたように岩崎弥太郎のほうから渋沢栄一に交際を求めたわけだが、それは早くても明治七年（一八七四）四月以降だったと思う。

というのは同月、弥太郎は社名を三菱蒸汽船会社と改称し、拠点を大阪から東京に移し、日本橋南茅場町の支社を本社としているからだ。そこから兜町にある栄一の事務所には、歩いていける距離なのだ。

こうして東京に移った年、弥太郎は台湾出兵の輸送に成功して日本国郵便蒸汽船会社を駆逐、翌明治八年、第一命令書を政府から交付されて一気に日本最大の海運会社に成り上がった。

さらにこの年、政府の期待を受け、海運業の実権を外国人の手から取り戻そうと、国内に勢力を広げるアメリカのパシフィック・メイル社に敢然と挑んだのである。

パシフィック・メイル社は、幕末にサンフランシスコ―上海間に国際航路を開き、さらにアメリカ政府の支援を受け、上海から横浜や神戸、長崎へと支線を延ばしていた。

明治八年（一八七五）一月、政府は弥太郎に上海航路の開設を命じた。そこで翌月三日、上海行きの第一便「東京丸」が三菱副社長の岩崎弥之助を乗せて横浜から出航、神戸、下関、長崎をへて十一日、無事上海に到着した。かくして三菱蒸汽船会社とパシフィック・メイル社との戦いの火ぶたが切って落とされたのである。三菱を背後から資金面で支援したのは、栄一の第一国立銀行であった。

三菱は、とにかく料金を安く設定した。対してメイル社も同額にして抗戦した。けれど三菱のほうが良いサービスを提供したので、次第に競争はメイル社が劣勢となり、とうとう白旗をあげたのである。こうして戦いに決着がつくと、政府が両社のあいだをとりもち、メイル社が上海航路から撤退することを条件に、同社の汽船四隻と諸施設を八十万円で弥太郎が購入することになった。

ところが、である。ようやくメイル社を駆逐したと思った矢先、今度はあらたな敵が現れる。イギリスの東洋貿易をになう巨大汽船会社ピーアンドオー社である。同社が日本―上海航路を開いたのだ。さらに、大阪の荷積問屋九店組合の貨物を一手に引き受ける特約を結び、阪神―東京航路にも進出してきた。

なぜ大阪の荷積問屋が？　と思うかもしれないが、一説には政商となったことで、三菱社員のなかに、荷主や荷積問屋に尊大な態度をとる者も出てきたので、反発を招いたのだといわれる。顧客第一を忘れ、しっぺ返しを食らったわけだ。

ただ、予想どおり弥太郎は、新たな敵に敢然と立ち向かうことを表明した。

会社の危機だと考えた三菱の重役たちも給与の減額を申し出た。ところが川村久直だけは、巨大な外国汽船会社と張り合うことの無謀さを諫言した。しかし弥太郎が聞き入れなかったので、会社を去ったという。ともあれ弥太郎は自分の給料を半減し、重役の額も三分の一カット、そのうえで社員を叱咤した。

次に紹介する文章は、三菱の大阪支社事務長の船本龍之助に弥太郎が発した指令である。

「先だって英国ピーオー会社と我が三菱の競争相始め候より、内地の風説種々《しゅじゅ》我が三菱の悪評相立ち、この節政府においても我が三菱の取扱いよろしからずやに一般の御疑惑これあり。ほとんど三菱会社の困難この時と差し迫り、我らにおいても心痛にたえず、実に戦慄の次第に候。第一人説の相立ち候は、我が社員傲慢《きょうまん》驕尊《きょうそん》にして人を見おろし、乗客荷主等へ対しても不都合のみにて、もはや三菱の会社へは誰も好んで出入りをいたす者これ無く、会社の位置（態度）は、ほとんど官府（官庁）のような有様にこれ有りなどと万口一談、もとより小生においては決して我が社員に前条の挙動これ無きを信ずといえども、あるいは店前の小僧、荷物取扱いの輩、あるいは船事務など右様の事件まったくなきにしもあらざるべし。即今《そっこん》、英国の郵便会社は世界有名の会社にて、なかなか尋常一様の敵手にこれなく、その上内国の風説沸起《ふっき》より、我が政府上よりも我が会社を御懸念については、我が社の興廃存亡いまこのときと存じ候」（『岩崎彌太郎傳　下巻』）

傲慢な態度を見せた社員たちに反省をうながし、三菱の「興廃存亡」をかけて戦いを覚悟させたのである。

とはいえ、強大な汽船会社と全面戦争すれば、当然倒産の可能性もあったが、弥太郎もまったく勝算もないのに戦うほど愚かではなかった。

意外に思うかもしれないが、当時の人びとの多くが弥太郎を神経質だと評している。良い言い方をすれば細心なのだ。たとえば弥太郎は、こんなことを言う。

「狡兎《こうと》は三窟《さんくつ》を営むというが、およそ事を計画するに当たっては、上中下三策を用意すればよいという考えは、まだ十全でない。もしその三策が皆外れたならば、もはや如何ともしがたいであろう。故に余は、更に第四の方策を考慮して、あらゆる場合に備えることにしている」（前掲書）

このように、万が一を考え、いつも入念な策を講じてから行動に移したのである。

勝算の一つは、政府の援助である。外国汽船会社からの海運業の主導権を奪回するのが政府の目的なのだから、当然、積極的に支援してくれるとみた。事実、政府は三菱に大金を貸し与え、さらに外国船利用者の許可手続きをわざと煩瑣にし、手数料を徴収することにしたのだ。

もちろん弥太郎も政府の力に全面的に依存したわけではない。社員の給料カットや経費節減につとめ、吉岡銅山などの儲けもすべてを競争に注いだ。

次に弥太郎が考えた策が荷為替金融であった。

船の荷物を担保に荷主にお金を貸すという斬新なシステムだ。

そこでさっそく弥太郎が大蔵卿の大隈重信に為替局設置願いを出すと、大蔵省はそれをすぐに許可してくれた。これを知ると荷主たちは大いに動揺、このため荷主の要望に応えざるを得なくなった大阪の荷積問屋九店組合は、ピーアンドオー社との契約を解除したのである。このため同社は日本からの撤退を余儀なくされた。

こうして見事、三菱はイギリスの巨大汽船会社を駆逐したのである。明治九年（一八七六）八月のことだ。

ちなみに、弥太郎と対立して三菱を去った川村久直は、

「岩崎氏は大腹の人であるが、計算の人ではなく、むしろ無算当の人である。ピーオー会社との競争のさいは、三菱の疲弊は言語道断のものがあった。計算から論ずれば、三菱はそのとき倒れていたであろう。しかるに天は岩崎氏を見捨てず、死中に活を得せしめた。思うに計数や打算は、天運を背負った者の前には瑣々《ささ》たるものである」（前掲書）

そう驚いたという。

## 両雄の初めての共同事業

岩崎弥太郎は、ピーアンドオー社との戦いのなかで、船荷を担保に荷主に金を貸すという仕組みを考案したが、おそらくその過程で考えついたのだろうか、明治九年（一八七六）一月、「共同海損に関する法規」の制定を大蔵卿の大隈重信に建白したのである。よ

うは海上保険であり、これが日本初のことだとされる。

しかし、大隈は「汽船会社が保険業を兼務することは認めない」と却下した。この件に関して、東京海上火災保険株式会社編纂兼発行『東京海上火災保険株式會社六十年史』（昭和十五年〈一九四〇〉）に意外なことが記されている。

「岩崎弥太郎氏はすでに明治十年頃から自己の経営する三菱会社（中略）において海上保険事業を開始せんと企てていたが、渋沢栄一氏はこの計画に反対し、大隈大蔵卿をも動かして岩崎氏に勧告したために岩崎氏の右の計画が中止となった」

とあるのだ。管見のかぎり、他の史料では栄一が弥太郎の保険事業を妨害した事実は確認できなかった。ただ、これが事実だとしたら、なぜ栄一は弥太郎の事業を妨害するような行動を取ったのだろう。もしかしたら三菱単独というやり方が気に食わなかったのだろうか。確かに、独占主義的なやり方を嫌う栄一なら、可能性はなくはない気がする。

いずれにせよ、明治十一年（一八七八）になると、今度は栄一のほうが弥太郎に保険会社創設への協力を求めたのである。栄一は華族たちの金禄公債（家禄廃止の代償に交付された公債）証書を元手に海上保険会社を設立しようと考え、総代理人として、日本の海運を牛耳る弥太郎に参加を呼びかけたのである。

今述べたとおり、弥太郎もぜひ海上保険が必要だと考えていたから、ただちにこれに賛同し、資本金六十万円のうち十一万円を出資した。これは、二百三名の株主のうち最高額だった。株主には蜂須賀茂韶《もちあき》（八万二千八百円）、毛利元徳《もとのり》（四万千円）、徳川慶勝（二万八千円）ら旧大名や財界の大物が並ぶ。もちろん栄一も名を連ねているが、彼が拠出した資本金はたったの三千円、持株は三十株に過ぎない。弥太郎の四十分の一以下であり、総代理人という立場からするとちょっと拍子抜けする額である。しかし、それが栄一の主義であったようだ。栄一は言う。

「自分は自己の資力以外に、もしくは身分不相応に過大の出資をしたことは決して無かった。しかるに世間の事業の協力者を見渡すと、自分よりも資産が少かろうと思われる人が、自分よりもはるかに過大の株を申し込み、自分が二、三百株しか持たぬところを、その人は千株も二千株も持つことがあった」「さて、いよいよ払い込みをするという段になってみると」「実際は百株か二百株分しか払い込まないという有様で、創立者側がまことに迷惑をすることがたびたびあった」「事業そのものに対する誠意がない」「事業を起こすにあたり、その協力者の不道徳、不信用ほど恐るべきものはない」（『青淵百話・乾』）

このように、出資は自分の資産に相応におこなうべきだというのが栄一の持論だった。

それにしても、株の購入を申し込んでおいて、実際は支払わない者が少なくないというのは、いくら明治という時代だからといっても、そのモラルの低さには驚くしかない。

ともあれ、弥太郎が大株主になってくれるというので栄一は大いに喜び、同社発起人会の席上で、次のように述べた。意訳して紹介しよう。

「海上保険の事業はかつて三菱が先行して主張していたが、政府は許可しなかった。このたび私は三菱社長の岩崎さんに、私たちの同盟に加入してほしいと、その得失を語ったところ、快く同意してくださった。本日、三菱社員の小野義眞《ぎしん》氏がそれを確約してくれた。かくして三菱は独力で海上保険会社をつくる方針を転じて、私たちとともに会社を設立することを決め、多額の資本を出資し、役員の選定は一任すると断言してくれた。あらたに株主を募るのも構わないと明言してくれている」

こうして明治十二年（一八七九）八月、東京海上保険会社（現・東京海上日動火災保険株式会社）が誕生したのである。

会社の本店は、日本橋南茅場町二十三番地に置かれた。これは三菱蒸汽船会社の隣であり、頭取は旧大名の蜂須賀茂韶であったが、全国に多数ある三菱の支社が東京海上保険会社の代理店業務をおこなったので、一気に全国的展開が可能となった。

なお、多くの株主を集めて成立した東京海上保険会社だったが、やはり三菱の岩崎家がダントツの大株主であったことから、やがて三菱から吉川泰二郎《たいじろう》や荘田平五郎らが同社の重役になり、弥太郎の死後のことだが、明治二十九年（一八九六）に荘田が取締役会長になり、その後は同じく三菱出身の末延道成《すえのぶみちなり》が大正十四年（一九二五）まで二十八年間も会長を務め、昭和八年（一九三三）には三菱合資会社（三菱財閥本社）の傘下に入ったのである。

この結果は、渋沢栄一にとってみれば、きっと不本意だったに違いない。

## 三菱海運王国の成立

岩崎弥太郎は、明治十年（一八七七）に会計規定の『郵便汽船三菱会社簿記法』をつくらせた。敬愛する福沢諭吉が日本に紹介したばかりの洋式の複式簿記を用いたり、船の減価償却の手法を導入したりするなど、当時としては斬新なものだった。勤務時間は陸上勤務は朝八時から午後四時まで。日曜日は休日。皆勤者には年末賞典（ボーナス）が支給された。社則も同十年にほぼ完成した。

ただ、けっこうすごいことが書いてある。

「第一条　当（三菱）商会は姑《しばら》く会社の名を命じ、会社の体《てい》を成すといえども、その実全く一家（岩崎家）の事業にして他の資金を募集し結社する者と大いに異なり、ゆえに会社に関する一切の事および褒貶黜陟《ほうへんちゆつちよく》（事の良し悪しや人事）等すべて社長（弥太郎）の特裁を仰ぐべし

第二条　ゆえに会社の利益は全く社長（弥太郎）の一身に帰し、会社の損失もまた社長の一身に帰すべし」

このように、社長による独裁がうたわれているのだ。三井組などは会社役員による複数支配をおこない、番頭政治といわれ、あまり当主はうるさく口をはさまなかった。住友などはさらにその傾向が強く、当主は「君臨すれども統治せず」といわれた。とはいえ、会社の損失もすべて弥太郎が背負ってくれるのだから、ある意味、社員たちは安心して業務にあたれるという利点もあった。

なお、多くの大企業を立ち上げた渋沢栄一は、合本組織を好んだ。合本組織については、また後に詳しく述べるとするが、簡単にいえば、多くの人びとから出資を募る株式会社のような形態だ。三菱を岩崎家個人のものだと独占主義を豪語する弥太郎とは対極の考え方である。なおかつ、経営者や重役に対する感覚もまったく違った。株式会社について述べ

たものだが、栄一の会社に関する考え方がよくわかる一文を紹介しよう。

「会社における重役が株主から選ばれて会社経営の局にあたる場合には、会社の重役たる名誉も、会社の資産もことごとく多数株主から自分に嘱託されたものであるとの観念をもち、自己所有の財産以上の注意を払って管理しなければならぬ」「重役は常に、会社の財産は他人の物であるということを深く念頭に置かねばならぬ」「もし多数人の信任が無くなった際は、いつでも潔くその職を去るのが当然」「株主より依託された資産をあたかも自己専有のもののごとく心得、これを自《じ》儘《まま》に運用して私利を営まんとする」（『青淵百話・乾』）のは論外であると断じている。

　さらに栄一は、会社経営のあり方に関しても次のように述べている。

「多く社会を益することでなくては正経な事業とはいわれない。仮に一個人のみ大富豪になっても社会の多数がために貧困に陥るような事業であったならばどんなものであろうか。いかにその人が富を積んでも、その幸福は継続されないではないか。ゆえに余は、国家多数のために富を致す方法を講じなければ駄目であるとの意見を抱き、明治六年以来もっぱら銀行業に身を委ねてから、この心は終始一貫して今日まで渝《かわ》るところが無かったつもりである」（前掲書）。

このように栄一は、会社はあくまで株主のためのものであり、会社の財産を自分のものと考えてはいけない。会社の経営は私利私欲ではなく、多くの人びとが幸福になり、国を富ますことを考えておこなうべきであると主張する。

ただ、弥太郎のために弁解するならば、独裁経営を標榜したり、会社は岩崎家の個人的な事業だと公言したりしながらも、決して己の私腹を肥やすために三菱を経営していたわけではなかった。常に彼の心のなかには、国家というものがあった。

明治八年（一八七五）、弥太郎は「告諭書」のなかで、社員に向けて次のように述べている。

「国民は長年の鎖国によって、海外への志をすっかり失ってしまった。すでに内外航路は西洋人の独占するところとなって、手も足も出ない。私は、この状況を変えるために海運業に乗りだした。これまで私はいくつもの海運会社と戦ってきた。その結果、今の三菱は、昔の三菱ではなくなった。政府というものは、国民に代わって事をなすものである。その政府が、列強勢力からの内外航路の奪回を私に託したのだ。だから私は国民のためにこの重責をにない、義務を尽くそうと思う。三菱はもはや昔の三菱ではないのだ。国民のための三菱なのである。諸君らもそのことをよく心得、私と一丸となって事業に邁進してくれたまえ」

弥太郎らしい率直な言葉である。さらに彼は、明治十一年（一八七八）の告諭のなかで、

「実業に携わる者は、廉直《れんちょく》と操守《そうしゅ》を重んじるべきである。三菱の精神は、国家の公益を維持保全する精神である。私はこの精神をもって諸君に呼びかけ、諸君の奮起を望みたい。諸君は果たして大いにこれに応ずるか」

こうした理想をもって弥太郎は、列強諸国に制圧されている海運事業の回復を目指したのである。まさに国家目的に立った為政者的な見地から経営の展開といえよう。

この考え方は、じつは福沢諭吉の影響が大きいとされる。長崎時代から弥太郎は、『西洋事情』をはじめ福沢の著書に親しみ、彼のとなえる実業立国という考え方に共鳴していた。

いっぽうの福沢諭吉も、東京茅場町の三菱本社前を通りかかったとき、

「岩崎氏は噂に聞いたのとは全く違い、山師ではない。今日の様子では成功は疑いない。殊に店の前に『おかめ』の面を掲げ、店内に敬愛を重んじさせているのは、近頃の社長にはできぬことだ」（石河幹明著『福沢諭吉伝』岩波書店）

と大いに感心したという。その後両者は親交を深め、弥太郎は慶應義塾の卒業生を大量

に三菱社員として採用している。

ちなみに弥太郎は、政府から規制されていることもあるが、あくまで海運業にのみ力を注いだ。鉱山の採掘事業、造船業、倉庫業、水道業、為替業、樟脳製造業、生糸業、保険業などにも手を染めたが、若い頃に米相場に失敗したのに懲りて、本業以外の事業については消極的だった。のちに弟で二代目社長の弥之助が多角経営を展開していくが、そうしたやり方を弥太郎は好まなかった。

明治九年（一八七六）九月、弥太郎は政府から「第二命令書」を交付された。第一命令書には一年の試用期間が付記されていたが、三菱が政府の期待に応えたので、十五年間にわたり政府が保護することを正式に約束した内容だった。

それからの三菱の発展はすさまじい。

同年には北清航路、釜山航路、同十二年に香港航路、元山津航路、同十四年に仁川航路、ウラジオストック航路と次々と外国航路を開拓。国内でも琉球航路や小笠原航路を開き、北海道にも進出して北海道航路（横浜―寒風沢―青森―函館）や日本海航路（下関―敦賀―伏木―新潟―函館）を開設した。こうして全国いたる港に三菱の船が停泊するようになったのである。

また、台湾出兵以後も江華島事件など、政府の依頼で兵糧輸送を着実にこなした。とくに明治十年（一八七七）の西南戦争では社船をフル稼働して政府軍の物資を輸送した。

この戦における三菱の収入は、約四百四十五万円。支出を差し引いても約百二十二万円の大収益となった。さらに三菱は戦後に政府から汽船を下賜され、合計六十一隻、全国汽船総トン数の七十％以上を占めることになった。海運業はもはや三菱の寡占状態となり、人びとから三菱海上王国といわれるほどになったのである。

さらに弥太郎自身も明治十一年（一八七八）七月八日、西南戦争の功で勲四等に叙され、旭日小綬章が付与された。これは民間人に対する最高の栄誉であり、ここに岩崎弥太郎は実業家としての頂点に立ったといえよう。

だが、こうした弥太郎の海運業独占を不快に思っていたのが、渋沢栄一だったのである。

## 事業をはじめるにあたっての心得

渋沢栄一は第一国立銀行の頭取に就任した後、会社を次々と立ち上げていった。

というのは、明治初年の段階では、国民は会社というものがよくわかっておらず、設立するのを躊躇していたからだ。政府でも大蔵省が会社制度を解説した『立会略則』を出版し、盛んに起業をうながしていた。ちなみに、これを書いたのはヨーロッパの会社組織を見聞してきた栄一だった。

　ともあれ、野にくだった栄一は、「ある場合には自己の財産を犠牲にしてその試験を為しこれが進歩を図って、初歩の手本として紡績会社なり、保険会社なり、製紙会社なり、肥料会社なり鋭意新創したのである。ゆえに今日からは会社というものは都合の好いように見えるけれども、それは利益があった上で見るからである。当初に資本を投ずる時はいかになるか知れぬので誰も応じてはくれぬのである」「従前からの恐怖が強いから資本を投ずる人がはなはだ少なかったゆえに、その初めに会社を組立てるという事はなかなか困難」（『雨夜譚』）

　このように、実業家の手本となって、苦労しながら立て続けに会社を創業していった。というのは、「どうしても株式会社の仕組に商工業を移して行かねば日本の実業は完全に改良が出来ぬ、それとともに真成の富を増す事は出来ぬと信じたから」（前掲書）である。結果、生涯に五百社近い企業の設立や経営に参画することになった。驚くべき数である。

　有名なものとして王子製紙、大阪紡績会社、東京海上保険会社、共同運輸会社、日本鉄道会社、札幌麦酒会社、東洋硝子、帝国ホテル、東京株式取引所などがある。

その経営の方法だが、会社の実権を握ってワンマン経営をしたり、大量の株式を保有したりせず、経営が軌道に乗るとサッと身を引いた。栄一が好んだのが、多くの人が出資してつくる合本形態（今の株式会社）であることはすでに述べた。ただ、将来性があり、社会に有益だと思えば、会社の形態にこだわらず、損を覚悟で資金を出している。

天才的経営者である栄一は、起業するにあたって、次の四つをしっかり考えなければ、成功はおぼつかないと述べている。すなわち、

（一）その事業は果して成立すべきものなるや否やを探究すること。
（二）個人を利すると共に国家社会をも利する事業なるや否やを知ること。
（三）その企業が時機に適合するや否やを判断すること。
（四）事業成立の暁《あかつき》においてその経営者に適当なる人物ありや否やを考うること。

（『青淵百話・乾』より）

まあ、（一）は当然のことだろう。栄一も「充分なる勝算も立たないのに、漠然と『この事業は有望である』とか『世間の需要があるだろう』位の考えで、即ちその『だろう勘定』で事を始めると、十中八、九までは多く失敗を招くこととなる」、だから起業するさ

いには「最も精細綿密に成算（計画）して、右から見ても左から見ても間違ないという様にしなければならぬ」（前掲書）とくぎをさしている。だが、現代でもちょっと金銭に余裕ができた芸能人などは、安易に飲食店を開き、すぐに失敗して店をたたむケースが後を絶たない。とにかく徹底的に詳細な事業構想を練り、どう間違っても失敗しないという確信を持ってから初めて会社を興すべきなのである。

（二）については、まったく渋沢栄一という個人の資質に根ざした特徴的な考え方といっていいだろう。

渋沢栄一の主張を読み解くと、仕事や事業には尊卑はないが、善悪はあるように読み解ける。そしてその基準が「国家・社会にとって有益か無益か」であった。彼はこんなことを言っている。

「自分は常に事業の経営に任じては、その仕事が国家に必要であつて、また道理に合する様にしてゆきたいと心掛けてきた。たとえその事業が微々たるものであろうとも、自分の利益は極めて少額であるとしても、国家必要の事業を合理的に経営すれば、心は常に楽んで事に任じられる」「一個人に利益ある仕事よりも、多数社会を益してゆくものでなければならぬということを常に心としていた」（前掲書）

ずいぶんきれい事を言っているように聞こえるが、これは栄一の本心である。

島田昌和氏は、「財閥や大商家、大地主のような富の源泉を持たない渋沢が多くの会社の設立・発展に、まるで加速度をつけるように数とスピードを増して関わっていった出資面のメカニズム」を「渋沢の秘書役が残した『芝崎家文書』に残る「一年の資金の流れ」から解析し、その結果、「渋沢の収入は、その六〇%強を保有する会社の株式配当などから得ていて、渋沢が就任している諸会社の役職にともなった収入はわずか一〇%程度にすぎなかった」ことを証明した。そして島田氏は、「株式に対する高配当や高株価によって見返りを得ることができた」とするとともに、渋沢を含む「明治時代の経営者たちは、自己の使命感やナショナリズムといった非経済的要因から、ほとんど無報酬でいくつもの会社の経営責任の一端を担っていたとも考えられる」（島田昌和著『渋沢栄一　社会企業家の先駆者』岩波新書）と論じている。

やはり栄一をはじめとする多くの明治時代の大実業家たちは、自身が経営に関わる株価の高配当という安心感があったかもしれないが、日本の産業や資本主義の発展のため、無報酬で経営に参画することも珍しくなかったのである。とくに栄一の場合それが顕著だった。しかも単なる名誉職として役員に名を連ねるだけではなく、真剣にその会社の経営改善に動いた。実際、栄一はこの事業は社会の役に立つと判断したら、その会社の役員となって経営を指導し、地方へも熱心に足を運んだ。だから東京圏だけでなく全国各地に栄一が経営にたずさわった企業が存在する。

たとえば福島県でいうと、郡山から喜多方まで走る岩越鉄道（磐越西線）がそうだ。明治二十八年（一八九五）に福島県知事の日下《くさか》義雄から相談を受け、発起人・創立委員として名を連ねた栄一は、のちに取締役となり、現地へも足を運んでいる。

明治三十三年（一九〇〇）、栄一は会津若松市にある岩越鉄道会社の社屋を訪問している。しかも実際に社員が働く様子を見学し、このとき社員に対して勤務上の注意を与えたと日記に記してある。

この福島県の旅では、郡山絹糸《けんし》紡績会社へも赴いている。この会社は、郡山宿の荒廃に心を痛めた地元の有力者・永戸《ながと》直之介《なおのすけ》らの依頼により、明治三十一年（一八九八）に渋沢栄一が大倉喜八郎や地元資本とともに設置した製糸・紡績会社である。安積疏水《あさかそすい》の水力を用いて事業を営むことが計画され、翌年には沼上《ぬまがみ》発電所が設置された。二十四キロ離れている郡山までの送電に成功。長距離送電の草分けといわれ、工場の余剰電力は郡山市街の灯火となった。これが郡山の近代化のはじまり、工業・商業都市へ転化するきっかけとなったのである。

栄一は郡山を訪問し、郡山絹糸紡績会社の発電所を見学、さらに永戸直之介の屋敷に泊まり、郡山倶楽部で演説したあと郡山絹糸紡績会社を見て回った。

また、のちにスパリゾートハワイアンズ（その前は常磐ハワイアンセンター）で有名になる福島県の盤城《いわき》炭礦《たんこう》社も、明治十七年（一八八四）に栄一が浅野総一郎らと設立した会社である。石炭は本州最大の埋蔵量といわれ、栄一は会長として経営に参画し、東北地方のみならず、信越地方からも多くの注文を受けた。

このように福島県一つを例にとっても、栄一が関係した会社はいくつも存在し、しかも実際に経営指導をおこなっているのだ。その精力は驚くばかりであるが、あえて地方企業の経営にたずさわらなくても、大実業家としての栄一は東京で引く手あまただったはず。にもかかわらず彼が地方の企業に積極的に関与したのは、「（二）個人を利すると共に国家社会をも利する事業なるや否や」という観点から動いていたからだろう。

続いて、起業にあたっての「（三）その企業が時機に適合するや否やを判断すること」だが、これもやはり、当然考慮すべき事柄だろう。

栄一は「時機の好悪を充分に見抜いて掛らなければ、時代の潮流のために事業は壓倒《あっとう》されてしまう」「いかにそれが有益有利の事業であるにせよ、国家の経済が不振で世間一般に不景気の時代には、まずその成立は望み難い」し、また「一時の景気に乗じてやったものは皆倒れた」（『青淵百話・乾』）と論じている。

不景気のときに起業が難しいのは当然だが、よくやりがちなのは「一時の景気に乗じて」、つまりブームに乗った起業である。だが、タピオカミルクティーを見ればわかるように、流行はいずれ去るのである。

さて、最後の四つ目である。

「（四）事業成立の暁においてその経営者に適当なる人物ありや否やを考うること」

この考え方は、栄一の企業経営の根本に関わるので、詳しく説明しよう。

栄一は、企業形態において望ましいのは、合本主義だと述べている。「本を合わせる」と書くが、本は「金と人」のこと。栄一が多くの出資者を募って会社を立ち上げることを好んだことは再三述べてきた。ただ、株式会社は資本だけを集めるが、栄一はそこに「人」を足すことを主張した。利益追求のため、適した人材を見つけて配置する重要性を説いたのである。

「すべて社会における諸事業は人物ありて後のことで、資本がいかに豊富でも、計画がいかに立派でも、それを経営してゆく者に適材を得なければ、資本も計画も必竟《ひつきよう》無意義なものとなってしまう。たとえばここに精巧なる一つの機械があるとしても、機械は自ら動くものでなく、それに人力とか火力とかいう動力を加えなければ、精巧な機械でも何の役にも立たないのだ。事業経営上に適任者を得るのは、ちょうど機械における動力のごとき関係である」（前掲書）

実際、栄一は大きなプロジェクトや会社を立ち上げるさいには、必ず適任者を探し出し、その中心にすえた。

今でも必ず日本史の教科書に出てくる産業革命の呼び水となった企業、それが明治十五年（一八八二）に創業した大阪紡績会社である。

この会社は栄一が大阪や東京の金持ちから二十五万円を出資させ、関西財界の大物・藤田伝三郎を頭取として発足させた日本初の大規模紡績工場だった。イギリスの最新機械を導入し、昼夜二交代で二十四時間操業をおこない、品質の良い大量の綿糸を生産させた。これまでの紡績工場は小規模で儲けも少なかったが、大阪紡績会社が高配当に成功したことで紡績ブームが起こり、次々と大規模工場がつくられた。それが産業革命につながったのである。

この成功の最大要因は、ヨーロッパの紡績業に詳しい実務家・山辺《やまべ》丈夫《たけお》を工務支配人に迎えたことであった。栄一は計画段階において、紡績工場を運営できる人材を探しており、イギリスに留学してロンドン大学で経済学を学んでいた山辺に目をつけたのである。栄一は、手紙で山辺に連絡をとり、この計画を打ち明け、協力を求めた。山辺はこれを快諾し、キングス・カレッジに入学して機械工学を学び、さらに紡績工場で一労働者として働き紡績技術を習得し、同時に多くの工場をまわって研究につとめて帰国したのである。

つまり大阪紡績会社は、東京・大阪から多くの出資（金）が集まったことに加え、山辺丈夫という「人」を得たからこそ、大成功したのである。

## 渋沢栄一の経営哲学——論語と算盤

渋沢栄一が最も嫌った経営者は、金を儲けるために手段を選ばない人間だった。

栄一の目指すところは、私利のみを追わずに公益をはかることであり、商売をするうえで重要なのは競争しながらも道徳を守ることだと信じた。

栄一の著書には『論語と算盤』という名著があるが、そこで「道徳（仁義・道義）＝論語」と「商売（殖利・金銭）＝算盤」というかけ離れたものを一つにすることを目的として実業界を生きてきたと豪語している。さらに、そんな栄一の経営哲学について語っていこう。経営者やこれから実業界に入ろうと考えている人にとっては、大いに参考になるはずだ。

栄一は、「昔、菅原道真は和魂漢才《わこんかんさい》ということを言った」が、「これに対して私は常に士《し》魂商才《こんしょうさい》ということを唱道《しょうどう》する」と論じ、「人間の世の中に立つには、武士道的精神の必要であることは無論である」（『論語と算盤』忠誠堂　昭和二年）と述べる。

栄一の言う士魂とは、いわゆる武士道のことであり、具体的には「不善、不義、背徳、無道を避けて、正義、仁義、徳操に就かんとする堅固なる道心、崇高なる観念であって、礼儀廉恥《れんち》を真髄とし、これに任侠《にんきょう》の意義を包含させたもの」（『青淵百話・乾』）と定義する。

そのうえで「武士道は、常に儒者とか武士とかいう側《がわ》の人々においてのみ行わるるものではなく、文明圏における商工業者の、拠《よ》りてもって立つべき道も茲《ここ》に存在する」と考え、「世に処し身を立てようと志すならば、その職業の何たるを問わず、身分の如何を顧《かえり》みず、終始自力を本位として須臾《しゅゆ》（少し）も道に背かざることに意を専《もっぱ》らにし、然《しか》る後に自ら富み且つ栄ゆるの計を怠らざるこそ、真の人間の意義あり価値ある生活ということが出来よう」「商業にまれ工業にまれ、この心をもって心とせば」「商工業においても亦世界に勇を競うに至るであろう」「武士道と実業道とはどこまでも一致しなければならぬもの、また一致し得るべきものである」（前掲書）と主唱した。

右の言葉を意訳すれば「経営者は常に正義や仁義といった武士道的な崇高な観念をもって事業をおこなうべきだ。それこそが真の人間であり、価値ある生活だといえる。この気持ちをもって経営をおこなえば、必ずや世界の実業界で名を馳せるだろう」と説く。では、そうした武士道は、どうやって見つけたらよいのか。

それについて栄一は、「その士魂を養うには、書物という上からは沢山あるけれども、やはり論語は最も士魂養成の根底となるものと思う」（『論語と算盤』）と孔子の教えである『論語』を学ぶことで培うことができると論じる。

それでは商才はどうかというと、これまた「商才も論語において充分養える」と談じ、その理由として「道徳上の書物と商才とは何の関係も無いようであるけれども」「商才は道徳と離るべからざるものとすれば、道徳の書たる論語によって養える」と断じ、「ゆえに私は平生《へいせい》孔子《こうし》の教えを尊信すると同時に、論語を処世の金科玉条として、常に座右から離したことはない」（前掲書）と述べている。

さらに栄一は「国を富ますは商工業に依《よ》らねばならぬ。商工業に依るというならば、今日の場合どうしても会社組織がはなはだ必要である。会社を経営するには道理に依らねばならぬ。道理の標準は何に帰するか、論語に依らねばならぬ。ゆえに不肖ながら自分は論語をもってこの会社の経営を致してみようと」「こういう意念で三十四、五年間経営をしても、先ず過失がなかった」（『青淵百話・乾』）と豪語する。

まさしく論語教といっていいくらい、栄一は孔子の教えに心酔し、それを徹底的に自分の経営に活かしてきたのである。ぜひみなさんも、日本資本主義の父といわれる経営の神様・渋沢栄一が薦める『論語』をひもといてみては、いかがだろうか。

# 二、栄一と弥太郎の死闘

## 経営理念の違いから決別した両雄

明治十二年（一八七九）に栄一が岩崎弥太郎の協力を得て東京海上保険会社を創設したことはすでに述べた。しかし栄一の回想によると、「明治十二、三年以来、激しい確執を両人の間に生ずるに至った」（『處世の大道』）と述べている。そのきっかけは、弥太郎と栄一が大激論となったことだった。その日時については諸説あるが、私は明治十三年八月のことではないかと考えている。あるとき弥太郎のほうから栄一のところに「船遊びの用意がしてあるので、お会いしたい」という連絡が入った。

しかし栄一はちょうど増田屋で遊んでおり、すぐに出向かずにいると、何度も弥太郎のほうから誘いの連絡が来る。仕方なく弥太郎のいる向島の柏屋へ行くと、弥太郎は芸者を十数人も呼んでいた。やがて隅田川に船を出し、網打ちなどをしながら弥太郎は「じつは話したいことがある。今後の実業はどうしていくべきだろうか」と問うたのである。

もちろん栄一は持論である合本主義を熱心に説いた。すると酔いが回っていたのか、弥太郎は「合本法は成立せぬ。もう少し専制主義で個人でやる必要がある」（『岩崎彌太郎傳　下巻』）と言い出したから、さあ、栄一も頭に血がのぼってきた。「合本のほうがよいに決まっている」と反論。すると弥太郎は「合本なんて駄目だ」と叫び、ついに大激論になり、とうとう栄一は芸者を全員引き連れて引き上げてしまったという。

一説にはこのとき弥太郎が栄一に対して、二人で組んで実業界を牛耳ろうという提案をしたというが、さすがにそれは考えられない。

それにしても弥太郎は、何のために栄一をわざわざ招いて接待しようとしたのだろうか。

もしこれが明治十三年（一八八〇）八月のことならば、弥太郎は栄一が企画している海運会社の設立計画を中止させようとしたのだと思われる。

じつは栄一はこの頃、三井物産の社長・益田孝らとはかって資本金三十万円で東京風帆船会社を設立し、海軍大佐・遠武秀行《とおたけひでゆき》を社長として海軍業への進出に乗り出していたのである。三井物産は三菱に大量の物資を輸送させていたが、海運を独占するがゆえに運賃が非常に高く、値下げを交渉しても一切相手にされなかった。そこで益田は懇意にしている第一国立銀行の頭取である栄一に相談したのだ。

周知のように栄一は、「商業に従事するものでも、工業に従事するものでも、単にその業務によって己一人儲けさえすれば、即《すなわ》ちそれが人間の本分だとは思われない」「自分一身さえ栄達すれば、それが理想であるというような考えをも除かなくてはならぬ。如何《いかん》となればかくのごとき思想は仁義道徳の教えから云うても、また人たるの本分から云うても、決して正鵠を得たる見解とすることは出来ぬからである」（『青淵百話・乾』）という考えの持ち主であったから、三菱の独占状態を打破すべく喜んで協力することにしたのである。

岩井良太郎著『三井・三菱物語』（千倉書房　昭和九年〈一九三四〉）には、その内情が次のように記されている。

「三菱の、独占を頼んでの横暴なふるまいは、当時、各方面の非難を買うことになったので、益田孝は、この機会を利用し、三井でも海運事業を興して、三菱と一と勝負をやってみようという気になった。益田の提議に賛成し、一臂の力を借そうと約束したのが、当時の第一銀行の頭取、渋沢栄一だった」「これを見て、流石の岩崎も驚いた。早速、石川、川田以下の幕僚を呼び集め、風帆会社揉み潰し運動に着手することになった。揉み潰しの手段としては、政府の大官に黄金をバラまいたり、御用新聞に風帆会社の悪口を書き立てさしたり、いろいろのことをやった。益田も渋沢も、この弥太郎の猛運動を見ては、内心恐れをなし、ついに風帆会社は、事業開始に至らず、消滅することになった。名前も変な会社だったが、結局、かけ声ばかりで風船玉みたいに萎んでしまったわけだ」

著者の岩井は、東京商科大学（現・一橋大学）を出て東京日日新聞社（現・毎日新聞社）に入り、その後雑誌「エコノミスト」の編集長などを務め、多くの経済に関する著書を出し、戦後は奈良県立短期大学（現・奈良県立大学）学長を務めた人物。まったくのデタラメは書かないだろうから、どうも弥太郎はえげつない攻撃を仕掛けて、栄一のもくろみを潰したようだ。

なお、小貫《こぬき》修一郎筆記『澁澤榮一自叙傳』（澁澤翁頌德會）という昭和十二年（一九三七）に発行された書籍がある。渋沢栄一側の記述なので割り引いて考える必要があるが、それも読むと、三菱側の攻撃は非常に悪辣である。たとえば、東京風帆船会社の株主の一人である富山県の伏木《ふしき》港の廻船問屋・能登屋の藤井能三《のうぞう》のもとへ行き、伏木港の発展に尽くすことを条件に栄一の東京風帆船会社に今後は関係しないように誓約させ、あらたに越中風帆船会社を設置してしまったのである。また新潟県の商人たちに対しては、「東京風帆船会社に参加せず、新たに新潟物産会社をつくったらよい。三菱から低利で二十万円を融資する。それに、政府が御用米を買い入れるさいは、すべて新潟米にしてやる」と誘いをかけ、切り崩しに成功したという。

こうして栄一が企画した東京風帆船会社は、創業が認められたものの、ほとんど開店休業状態になってしまったという。弥太郎の巧みで徹底した攻撃の前に、栄一はもろくも敗れ去ったのである。

## 明治十四年の政変と三菱

明治十一年（一八七八）に大久保利通が暗殺され、以後は長州出身の伊藤博文と肥前出身の大隈重信が政府内で大きな力を持つようになった。弥太郎が懇意にしていたのは大隈のほうだった。

ところが明治十四年（一八八一）の開拓使官有物払下げ事件を機に、大隈は失脚してしまう。

この事件は、開拓使（北海道開発のための官庁）の長官・黒田清隆が、開拓使廃止に伴い、この省庁に属する事業や施設を不当な廉価で同じ薩摩出身の政商・五代友厚らへ売却しようとしていることが発覚、自由民権家から激しい非難をあびたもの。

このとき伊藤博文は、民権派をあおっているのは大隈だと黒田に吹き込み、薩摩閥と手を結び、天皇臨席のもとで緊急会議を開き、大隈の参議職（政府高官）を罷免し、大隈に連なる官僚群を追放するクーデターを決行したのだ。世にいう明治十四年の政変である。

　黒田は、払い下げ計画を民権家にリークしたのが大隈と結んだ弥太郎の仕業だと確信していた。

　黒田が寺島《てらしま》宗則《むねのり》に送った書簡を紹介しよう。

「実に言語道断なるは、三菱社のごときは、しきりに千金をなげうち」「福沢（諭吉）門人四名を派出し、各郡府を煽動し、また三印（三菱）支店にて非常に金をまき、大いに開拓使を壊すの奸計めぐらし、黙止し難き情実に御座候」「誠に恐るべき三印（三菱）」「生（私）が拙策には、断然三印（三菱）が手足を切断する事専一と存じ候。この一条に付いては、断然海軍にて従来の条約を解き、自由になるよう致す方、上策ならんか。三印（三菱）は、ついに明治政府を左右するの恐れあればなり」（『岩崎彌太郎傳　下巻』）

　黒田が書いているような奸計をめぐらしたかどうかはわからないが、弥太郎にその動機はなくはない。三菱は北海道に航路を開き、道内の産業にも積極的に進出しようとしていた。開拓使の官有物が五代らにすべて譲渡されてしまったら、三菱が進出できる余地がなくなる。

明治十四年（一八八一）十二月、農商務卿の西郷従道は、いきなり弥太郎を呼び出し、第二命令書の改定を通告した。まだ交付から五年しか経っていない。有効期限は十五年間のはず。だから弥太郎は難色を示した。けれど西郷は「いわれなく、三菱を保護しているという世間の批判をかわすためだ」と述べ、翌年二月、「第三命令書」を交付したのだ。海運以外の事業に乗り出すことを厳しく禁じ、運賃規則や命令違反への罰則が盛り込まれたが、三菱側に大きな不利益はなく、弥太郎への脅しの意味が大きかったように思える。

だが、やがて政府は本気で三菱への対抗措置に動き出す。

明治十五年（一八八二）三月に大隈重信を党首とする立憲改進党が誕生したからである。

政府は、反政府政党である改進党の運営資金が三菱から出ていると踏んだのだ。

そこで反政府側の弥太郎に海運を牛耳らせるのはよくないと考え、同年五月、西郷従道農商務卿は、新たな汽船会社の創設を政府に上申した。

この会社は渋沢栄一、益田孝、小室信夫、藤井三吉、堀基、原田金之助など三井系や関西財界の大物が創立委員となって資本を募り、従前の汽船会社三社を合同させてつくったものだった。

そう、栄一にとっては、二年前のリベンジであった。

栄一は、益田孝ら発起人とともに東京風帆船会社に北海道運輸会社と越中風帆船会社を合併させ、六百万円という巨額な資本金をもとに共同運輸を立ち上げたのである。資本金のうち二百六十万円を政府が拠出していることでわかるとおり、政府の息のかかった会社だった。かくして同年十月、政府の許可を得て共同運輸会社が正式に発足、翌年一月より営業が開始された。

この会社の実態は、ある意味日本海軍といってもよかった。株式組織だが、同社に与えられた政府の命令書には、会社に付与された船舶は海軍の付属とし、戦時や有事のさいは海軍卿の命令で海軍商船隊に転じる規定があったからだ。また社長には伊東雋吉《しゅんきち》海軍少将、副社長には遠武秀行海軍大佐が就いている。資金や組織面から見て明治政府が全面的にバックアップして三菱から海運業の主導権を取り戻そうとしていることが見て取れる。

単に三菱をおさえるというより、潰してしまおうというもくろみがあったようだ。というのは、明治十六年（一八八三）三月、三菱社員の山本達雄がたまたま三菱の汽船に乗った西郷従道の話を耳にしており、それによれば、酔っ払った従道は甲板で政府の役人と「三菱会社の専横を毀《そし》り、この権力を殺《そ》がんがために、今般共同運輸会社を設立せし」と大声で話していたというのだ。

さて、この時期のことに関して栄一は自伝で次のように回想している。

「三菱は旭日《きよくじつ》昇天の勢を以てその海運業が発達した。経済界の人々は三菱会社の余りに政府の特典を受けて専横になるということを羨《うらや》みかつ憤って、ついにこれに反対する共同運輸会社というものが出来た。私はその共同運輸会社の賛成者であったから、換言すれば、三菱の反対者であった。海運業はさなきだに競争に流れるのを、一方の専横を防禦しようということで組立ったから一方も利かぬ気で力を入れるので、この両会社はしきりに競争をした」（『雨夜譚』）

さあ、三菱にとっては、まさに存亡の危機である。そこで弥太郎は、社内外に不偏不党たることを宣言し、政府に対し新会社設立が国家に大きな不利益をもたらすことを訴える意見書を送った。その内容は、

「日本の海運業界はまだ脆弱なのに、新たに海運会社を起こせば、三菱との間に激しい競争が起こり、決して国家のためにならない。ぜひとも中止していただきたい」というものだった。ところが、である。この意見書が、自由党系の新聞にすっぱ抜かれてしまったのだ。警察の密偵にリークされたらしい。何とも不思議なことだが、当時、自由党と立憲改

進党は、反政府という立場で共闘できるのに、ささいな主義の違いから激しく反目しあっていたのだ。それゆえ、わざと警察が自由党系の新聞に情報を流したようだ。

自由党は、「海坊主退治、偽党撲滅」キャンペーンを展開した。偽党とは立憲改進党、海坊主とは三菱、具体的には岩崎弥太郎のことだ。

世論も海運業を独占する三菱に良い感情を抱いておらず、弥太郎に同情する者はほとんどいなかった。

## 三菱と共同運輸の死闘、そして弥太郎の死

共同運輸は、三菱の主要な航路にことごとく進出していった。当然、これによって両者は激しく競いあうことになる。

弥太郎は、社員に徹底した経費節減と客に対するサービスを命じ、なおかつ、大幅に運賃を引き下げた。対抗して共同運輸も運賃を下げ、さらに三菱もそれ以上に値を下げるといった、果てしのない廉価競争がはじまった。

下等運賃で客を中等席へ乗せるといったことは当たり前となり、果ては乗客の奪い合いから無銭で乗せたうえ景品まで配るようになったという話もある。

スピード競争もすさまじかった。両社が互いの汽船を同時刻に同じ港から出発させ、同じ目的地へ向かう場合、相手に先んじようと速力を争い、汽船の煙突からは火柱が立ちのぼり、煙突も赤く焼けたという。また、両社の汽船がすれ違うとき、互いに航路を譲るのを嫌がり、明治十七年（一八八四）十月二十一日、とうとう三浦半島観音崎の沖合で、三菱の須磨ノ浦丸と共同運輸の山城丸が衝突している。

これは、船を乗りかけた共同側に責任があるとされ、賠償金二万円が三菱に支払われたが、すでに戦い勃発から二年近くが経過し、このままでは共倒れになる危険が出てきた。

そこで政府は同年十二月、両社に対し出発時刻をずらし、運賃や貨客など営業全般について協議して和解するよう仲介をはじめた。

だが、弥太郎は応じなかった。このため明治十七年度の三菱の海運収益は、約二百三十万円。最盛期の三年前と比較すると半減してしまっている。しかし、むしろ共同運輸のほうが業績が悪化しており、株式の配当ができない状態になった。反三菱の農商務卿の西郷従道や大輔の品川弥二郎らは利益配当金の充当のため、二十五万円を政府より融資したいと閣議に提案したが、さすがにこれは反対多数で却下された。

とくに西郷らに大反対したのは、内閣書記官長の土方久元だった。西郷や品川が、

「共同運輸が政府の保護会社であるのに、配当もできぬというのは、政府の威信に関わる」と主張したのに対し土方は、「配当がないのを政府が助成してあるように見せかけるのは不都合。それに三菱も共同も国内の会社。兄弟ゲンカさせて共倒れになれば、次に出てくるのは英米の会社。だから政府は両社の合併につとめるべきだ」と反発した。

土方は土佐藩出身。弥太郎が密かに協力を求めていた可能性は十分に考えられる。

いずれにせよ、弥太郎は自ら膝を屈するつもりはなかった。三菱は明治十年（一八七七）に政府から無償で借り受けた汽船三十隻の代金を五十年賦で返済する約束をしていたが、弥太郎はこれをにわかに完済したのである。政府に対する徹底抗戦の意思表示であった。

社内には弥太郎の無謀さを危惧する声も強かったが、誰もその方針には逆らえなかった。三菱を潰そうとした西郷従道はしぶとい弥太郎に業を煮やし、「弥太郎は、国賊同然だ！」と公言した。すると弥太郎は「よしよし、俺を国賊と呼ぶのか。ならば俺も所有の汽船を残らず遠州灘に集めて焼き払い、残りの財産は全部自由党に寄付してやる。そうなれば、薩長藩閥政府はたちまちにして転覆するだろう」と放言したという。

弥太郎なら最後の手段として、そういうこともやりかねない。細心でありながら、父親譲りの戦闘的資質が顔を出すと、もはや制御できなくなることは再三述べてきた。

ただ、戦いは意外な結果に終わった。弥太郎が亡くなってしまったのである。

以前、弥太郎の長崎での生活を彼の日記で紹介したように、広い交際のなかで、幕末から長年、浴びるように毎晩酒を飲んでいた。それが彼の胃をむしばみ、明治十四年（一八八一）に一度、仕事を離れて静養したこともあった。その後もときおり胃痛に苦しんだが、同十七年（一八八四）六月から急速に食欲が減退、八月には妻の喜勢の勧めで東大医学部教授の佐藤進医師の往診を受けた。

共同運輸との戦いが佳境に入った時期だ。慢性胃カタルとの診断だったが、九月中旬、激しいめまいに襲われ、二十日に昏倒。そこで伊豆山の相模屋に逗留して長期療養することになったが、共同運輸との競争が心配でおちおち静養できなかったようだ。十月十六日に東京に戻ったが、病状は悪化の一途をたどり、別邸の六義園へ籠もった。十一月十一日には胃管下口の狭窄がひどく、病名は胃がんであり「余命三、四カ月」という告知が医師から家族になされた。ただ、弥太郎本人は知らされなかった。

弥太郎は胃痛と吐き気に苦しみながらも戦いに屈する姿勢を見せなかった。頻繁に部下から経営状況を報告させ、自ら直接指令をくだした。驚くことに、側近の吉永治道は、一日四十回も弥太郎の命令で本社と六義園を往復して連絡にあたったといわれる。

だが、明治十八年（一八八五）一月、弥太郎は重役の豊川良平に、

「医者は不治ではないというが、自分は再び社会に出て活躍することは覚束ないように思う。余は婦女子ではないから、いかなることを聞くとも決して恐れはしない。治か不治か、真実を聞いてこい」（『岩崎彌太郎傳　下巻』）

と命じているから、死期は悟っていたようだ。だが、担当の池田謙斎医師は、結局本人にがん告知はしなかった。

同年二月に入ると、毎日大量に吐瀉し、胃の激痛に煩悶した。モルヒネがたびたび注射されたが、二月七日、とうとう危篤に陥った。

息絶える前、弥太郎は「我も東洋の男子と生まれ、我が志す所未だ十中の一、二を為さず今日の場合に至る。最《も》早《はや》仕方なし。川田（小一郎）、未練でないが、今一度盛り返したし」（『岩崎彌太郎傳　下巻』）と共同運輸との苦しい戦いの最中に死なくてはならない無念さを口にしたという。その気持ちは、察して余りある。

その後、一族や重役たちに苦しい息のなかで遺言を述べ、「腹中裂くが如きを覚ゆ、何も言わん」と口を閉じた。いよいよ最期のときになり、医師らが枕元に集まってきた。こ

のとき弥太郎は、右手を挙げて医師団に一礼を述べたという。それからひとしきり煩悶した後、午後六時三十分、息を引き取った。まだ五十二歳（満五十歳）の若さだった。

最期を看取った医師団は、

「多くの人の臨終に立ち会ったが、かくの如く森厳な力のある遺言を述べ、従容自若、死に対した人を見たのは初めてである」（『岩崎彌太郎傳　下巻』）

と感嘆した。いずれにせよ、天は共同運輸との戦いが決着するまで弥太郎に生きることを許さなかった。胃がんと称する病とはいいながら、その死に様は、まさしく討ち死にであった。

さて、岩崎弥太郎の死を知って、渋沢栄一がどのような感想を漏らしたかは、管見のかぎり確認できなかった。だが後年、次のように回想している。

「私は個人として別に弥太郎氏を憎く思ったのでは無いのだが、善い事につけ悪い事につけ始終私の友達であった益田孝、大倉喜八郎、渋沢喜作などが猛烈な岩崎反対で、岩崎は何でも利益を自分一人で壟断しようとするから怪しからんと意気巻いて、ことごとく弥太郎氏を憎がってたものだから、私をその仲間の棟梁でもあるかの如くに思い違え、弥太郎氏は非常に私を憎んだものである。その結果は、私と弥太郎氏とは明治十三年以来全く離ればなれになってしまい、ついに仲直りもせず、弥太郎氏は十八年に五十二歳を一期として死去されたのである」（『處世の大道』）

このように栄一は、周囲から持ち上げられて弥太郎との対立を余儀なくされたが、死ぬ前にできれば仲直りをしたかったようである。

第五章

# 日本の発展に尽くした栄一

# 一、弥太郎と栄一の人材教育

## その後の三菱

弥太郎にかわって三菱の社長となったのが、弟の弥之助だった。弥太郎との年齢差は十六歳。兄弟というより親子に近い。生まれてすぐに親や医師も見放すような大病を患ったが、このおり弥太郎は「どうしてもこの子は助ける」と付きっきりで看病し、奇跡的に一命をとりとめたという。まさに命の恩人だったわけで、弥之助としても兄の遺志を守り、共同運輸を打ち負かしたかった。が、最終的に政府の仲介を受け入れ、三菱の海運部門と共同運輸との合併を了承したのである。このまま戦っても勝てる見込みは薄く、倒産すれば社員が路頭に迷うと考えたからだ。

弥之助は大変温厚な性格で、戦闘的な弥太郎とは好対照だった。でも、だからこそ我を折って合併に合意し、社員は救われたのである。何とも不思議なものである。

こうして両社が合併し、日本郵船会社が誕生した。資本金は一千百万円、三菱の五百万円の出資に対し、共同運輸は百万円多い六百万円。社長には弥之助ではなく、共同運輸元社長の森岡昌純《まさずみ》が就任、理事職も共同運輸側が多かった。客観的に見れば、三菱にとっては不利な合併だった。けれど弥之助は潔く海運資産をすべて日本郵船へ移譲、従業員約二千二百人のうち約千五百人が移籍した。なお資本と社員の大半が移籍しただけでなく、弥太郎が愛した三菱の社名も消滅したのである。弥之助の手元に残った事業で、業績の良いのは吉岡銅山だけだった。

ただ、弥之助は経営から身を引いたわけではなかった。兄に負けぬ新しい会社をつくろうと決心、海運以外の小さな諸事業を集め、明治十九年（一八八六）三月二十九日、政府に新会社の設立を届け出る。社名は三菱社。そう、ここに三菱の名が復活したのである。

弥之助は、残存した諸事業中で最大の吉岡銅山に、大枚をはたいてすぐれた技術者と最新の採掘・精錬機械を投入、結果、産出量を飛躍的に伸ばすことに成功した。さらに興共、瀬戸、尾去沢、大葛、細地、槙峰、多田、樫村、木浦と次々に鉱山を買収。明治四十年度における金の算出量は全国の企業で第一位、銀は第二位、銅は四位となった。

炭鉱経営にも力を入れ、高島炭鉱にくわえ炭鉱を続々と買い入れ、明治四十年度における三菱所有の炭鉱群からの算出量は全国の企業で第三位、総産出量の一割を占めた。

さらに重工業分野にも進出。造船業に将来性を見出し、政府から借りていた長崎造船所を購入し、外国人技師や大卒の技術者を高額で雇用し、同時に造船先進国のイギリスに多数の社員を派遣して最新の技術を習得させた。これにより、長崎造船所は民間としては日本一の技術力を有するようになり、造船の注文が全国から殺到。明治二十八年（一八九五）には日本郵船から六千トン級という外国航路用の巨船の注文を受けた。これまでは欧米の造船所でしかつくれなかった規模の船である。

同時に倉庫業、保険業、銀行経営、農場経営など多角的経営もすすめた。海運業に力を入れ過ぎた兄の弥太郎の轍を踏まないためだった。

ユニークなのは、ビジネス街の創出である。維新後、東京丸の内一帯は省庁や兵舎・練兵場が林立していたが、明治二十年代、政府は施設を他所に移すことに決め、この土地を競売にかけた。ところが買い手がおらず、困った松方正義大蔵大臣が弥之助に買い取りを打診したのである。

弥之助はこれを快諾する。なんと、日本初のビジネス街の建設をもくろんだのである。アメリカへの留学経験がある弥之助は、ニューヨークのビジネス街の発展を目の当たりにしていた。かくして丸の内八万一千坪、神田三崎町二万三千七百坪を百二十八万円で陸軍省から買い上げた。これは、当時の東京市の予算の三倍にあたる額だった。

明治二十七年（一八九四）六月、丸の内に煉瓦造り地上三階地下一階の英国風建築が建った。三菱一号館である。設計は鹿鳴館を担当した有名なイギリス人コンドル。翌年には二号館、さらに翌二十九年には三号館が竣工。とくに三号館にはイギリス製のエレベーターが据え付けられた。民間の建物としては、日本で初めてのことだ。以後、明治四十四年（一九一一）まで馬場先通り沿いに十三号館までが並び、人びとはこの景観を見て一丁ロンドンと呼んだ。三菱館には日本中から大企業が入居し、その後もオフィスビルがつくられつづけ、大正時代には東京駅が生まれ、交通の利便さが増して飛躍的に発展、戦後は日本一のビジネス街へと変貌した。

明治二十六年（一八九三）、弥之助は会社を合資組織に改め、社名を三菱合資会社とし、甥の久弥（弥太郎の長男）に社長の座を譲った。三菱社を創業してからわずか八年、まだ四十二歳であった。

かつて兄の弥太郎は、死の床で弥之助に「甥の毛利輝元を補佐した小早川隆景のようになってくれ」と依頼したが、その約束を律儀に果たしたのだ。見事な出処進退である。

実業家としての弥之助の経営理念は、富国——すなわち、国家の繁栄を最終的に目指した。欧米諸国に劣らない近代産業を我が国に移植し、これを発展させて日本という国を可及的速やかに一等国に引きあげることを理想とした。じっさい弥之助は、甥の康弥（久弥の弟）に次のように語っている。

「三菱の事業は一門のために経営するのではない。お前たちの中に国家のことを考えず、岩崎家のみを考える者があったなら、三菱は潰したほうがよい。このことを、しっかり腹に入れておくがよい」（『岩崎彌之助傳　上巻』）

そうした理念を持って経営にあたったからこそ、三菱は大きく発展したのだろう。

社長引退後、弥之助は第四代日銀総裁に就任、金本位制の導入に成功、我が国が資本主義国家として発展する素地をつくった。

また、弥太郎と激しく争った、いわば仇敵ともいえる栄一と自ら連絡をとって和解を申し入れ、明治二十六年（一八九三）には、「日本郵船の取締役になってほしい」と依頼している。

これを聞いて、読者諸氏は不思議に思うだろう。だってまだ、あの激しい戦いをへて日本郵船が誕生してから八年しか経っていないからだ。

しかし、この頃になるともう、岩崎家が日本郵船の筆頭株主となり、同社へ移った三菱社員たちが実権を握り、三菱からも多くの社員を日本郵船へ送り込み、実質的に三菱の傘下に入りつつあったのだ。そして翌明治二十七年（一八九四）には、三菱出身の吉川泰二郎が二代目社長となっている。さらに三代目社長の近藤廉平にいたっては、弥太郎が手塩にかけて商道を仕込み、自分の従妹である豊川従子と結婚させた秘蔵っ子だった。その廉平は二十数年間にわたって社長の座に居つづけることになる。

つまり、栄一に声をかけた明治二十六年（一八九三）には、弥之助は実質的に日本郵船を三菱の手に取り戻してしまっていたのである。だからこそ、この会社が岩崎家のものだと言われぬよう、かつて敵対した栄一に協力を求めたのだ。

栄一は、この申し入れを快諾した。温厚でスマートな弥之助とは、大変気があったからである。さらに次代の久弥とも親密な関係を結び、栄一はいくつも三菱と共同で事業をおこなった。大正十一年（一九二二）には、なんと跡継ぎである渋沢敬三の妻に、弥太郎の孫・木内登喜子を迎えたのである。つまり栄一は、故・岩崎弥太郎と親戚になったわけだ。

いずれにせよ、討ち死にのような無念の死を遂げた岩崎弥太郎だったが、弥之助という見事な後継者がいてくれたおかげで、あらたに復活した三菱は強大化し、さらに日本郵船も再び新生三菱のもとに戻ってきたのである。

## 岩崎弥太郎の人材育成

今、弥之助を見事な後継者と言ったが、これは偶然そうなったわけではない。弥太郎がしっかりそうなるように育ててあげたのである。つまり、弥太郎の後継者育成教育が素晴らしかったのだ。ではこれから、弥太郎の教育について詳しく語っていこう。

弥太郎は、早くから弥之助を自分の右腕にしようと考えていたが、三井のような江戸時代の商家がよくやるように、すぐに会社に入れて鍛え上げるようなことはしなかった。明治になって弥太郎が大阪商会を経営するようになると、十九歳の弥之助も両親と大阪に来た。弥太郎は弥之助には仕事をさせず、重野安繹の私塾「成達書院」に入れて漢学を学ばせ、さらに翌年、英学塾に入れ、二十二歳の明治五年（一八七二）にアメリカへ留学させたのである。しかも弥太郎は、日本人などいないコネチカット州の小さな全寮制学校へ弥之助をぶちこんだのだ。外国語ができないコンプレックスを抱えた弥太郎は、弥之助にそれを克服させ、世界の最新知識を学ばせようとしたのであろう。

とはいえ、弥之助のことは常に気にかけており、たびたび海外での生活を心配し、手紙を送っている。一つ、それを意訳して商会しよう。

「留学したからには、ただ自分のことだけを考えろ。御国のことは心配する必要はないぞ。

おまえが学問を進歩させ、知識を開き、私のことを補佐してくれるのを祈っている。きっとおまえも一日中、机に向かって努力しているのだと思う。ただ、あまりに励み過ぎて病気になるのは却って困る。ときどきは野山を歩くなど一身の健康を第一に考え、学問はその次としなさい」

結局、弥之助は父の弥次郎が死去したことで、明治六年（一八七三）十一月に帰国した。このときから三菱商会に入社して弥太郎のために働くようになった。そんな弥之助に対し、弥太郎は事細かに仕事の指導もし、海外への輸送などは率先して弥之助を船に乗せた。西南戦争での輸送も、弥之助に長崎で采配をふるわせたのである。こうして実務経験を積み上げた弥之助はやがて兄の反対をおさえて高島炭鉱を買うなど、独自の視点で事業展開をおこなうようになり、弥太郎が亡くなったときは三十五歳だったが、その経営手腕は決して弥太郎に引けをとらないほどになっていた。

一方、弥太郎の長男の久弥は、まだ二十一歳だった。だから弥太郎は、弥之助に社長職を託したわけだが、息子の久弥に対しても弥太郎の教育は見事であった。

久弥は十一歳で小学校に入学後、間もなくして横浜のフランス人教師・サラベルの学舎に姉の春路とともに預けられたのである。弥太郎にいわせると、この女性は「至極厳重なる人物に候」とあり、フランス語の学習に加え、躾も期待したのだろう。残念ながら春路のほうが音を上げてしまったので、二人は数カ月で自宅に戻ってしまった。その後、久弥は弥太郎と親しい福沢諭吉が起こした慶應義塾に入学するが、自宅からは通わせなかった。三田に一軒家を借りて、親戚で三菱社員の豊川良平と自炊生活をさせたのだ。

「たまたま久弥が帰宅すると、弥太郎は袴を着けて応接間で会ひ、勉学の様子を尋ねた後、二、三訓を与へるのが常であつた」（『岩崎彌太郎傳　下巻』）という。

その後は、神田駿河台に家を借り、久弥を学友数名と共同自炊生活をさせたのである。のちに弥之助は、この寄宿舎を本郷龍岡町（現在の湯島四丁目と本郷七丁目にあたる）に移転させ、「雛鳳館《すうほうかん》」と名付けて岩崎一族と三菱重役の子供たちを入れて厳しく育てることにした。

その生活は質素剛健を旨とし、頻繁に帰宅することも禁じられた。このように将来の三菱を背負っていく子供たちには、つましく質素な生活で我慢を覚えさせることが重要だと考えたのである。たとえば雛鳳館での暮らしぶりを、康弥は次のように語る。「私は七歳で寮に入り、風呂焚きや洗濯もやらされた。食事に湯茶が出たことすらなく、いつも水ばかり飲んでいた。高等師範付属中学校の生徒だった頃、教師の三土忠造《みつちちゆうぞう》氏が、『おまえは衣服も弁当もクラスで一番粗末だが、富豪の子だからわざと貧乏人のように見せかけているのだろう』と言われた。そこで私は、一度雛鳳館に来てくださいと頼んだ。やがて三土先生が参観に来られ、私たちの生活を見て『よい参考になった』と感心して帰った。その頃、中学校の同級生の鳩山一郎君の自宅に招かれ、サンドウィッチを初めて御馳走になり大いに驚いた」

なお、久弥は父の弥太郎が亡くなった翌年、叔父・弥之助の命でアメリカに留学させられ、ペンシルバニア大学で五年間学んだ。住んだのは西フィラデルフィアの安下宿だった。まさか久弥が大金持ちだとは、友人の誰一人知らなかったという。

幼い頃に家から離し、寮に入れて貧しい暮らしとスパルタ教育を施し、青年時代に長期間海外で学ばせる、この弥太郎の方針が岩崎家の伝統になり、三代目久弥、四代目小弥太（弥之助の長男）以外の岩崎一族も、みな一廉の人物になったのだった。

なお、岩崎家には弥太郎の母・美和がつくった家訓が残っているので、これも紹介しよう。

一　人は天の道にそむかないこと。

二　子に苦労をかけないこと。
三　他人の中傷で心を動かさないこと。
四　一家を大切にすること。
五　無病のときに油断しないこと。
六　貧しいときのことを忘れないこと。
七　常に忍耐の心を失わないこと。

この家訓も岩崎一族にとって、大きな精神的支柱になったと思われる。とくに雛鳳館での暮らしは、岩崎の家訓にある「六」と「七」を受け継がせるものだったといえよう。

こうして弥太郎は後継者づくりに成功したわけだが、どんなに社長が偉大でも、会社はやはり組織である。社員が有能でなければ、絶対に会社は伸びていかない。

いかにして良い人材を集めるか、また、育てていくか、それが、企業の成長・存続にとっては重要である。弥太郎は、この分野でも見事な手腕を見せた。当時は珍しかった大卒者や高等教育を受けた者、さらに外国人を多く会社に採用したのだ。超エリートゆえ、現代と同じように彼らは官僚志向が強かったが、弥太郎は思いきった厚遇で多くを三菱に引っ張り込んだのである。

福沢諭吉は『實業論』（博文館）のなかで、岩崎弥太郎が大卒者＝士流学者を採用したことについて、次のように記している。

「文明世界の実業を進めんとならば、必ず教育を経たる士流学者に依頼せざる可《べ》からずとは、理論において明白なれども、なお之を事実に証せんがため一例を示さんに、およそ近年日本の商売社会に大事業を成し、絶後はイザ知らず空前の名声を轟かして国中に争う者なきは、三菱会社社長故岩崎弥太郎氏なる可し。（略）就中《なかんずく》、他人の企て及ばざる所は、その能《よ》く人物を容れて士流学者を用いたるの一事なるがごとし」

それにしてもなぜ弥太郎は、高学歴者にこだわったのだろうか。

その理由についても福沢が『時事新報』で、弥太郎から直接聞いた話として、次のように語っている。それを要約すると、

「私（弥太郎）ははじめ、一般の若者を社員として採用していた。彼らはみな従順で、言われたことは素直に黙々とやってくれた。しかし教養がないものだから、事物の軽重がよくわからず大失敗をしでかすことがあった。これに対して大卒者は、エリートゆえに高いプライドを持ち、客に対して高飛車で愛想もないが、深い知識があるのでいざというとき

の談判でも、堂々と交渉相手と渡りあうことができた。一般の若者と大卒者、確かに一長一短はある。しかしながら、教養のない者に大卒者の気風を養わせるのはとても難しい。反対に、大卒者をしっかり教育して三菱色に染めていくのはたやすいことだ。だから私は、大卒者を雇うのである」

つまり、自分の考えを持たない単なるイエスマンは必要ないということなのだ。高いプライドと見識、それを弥太郎は社員に求めたのである。

弥太郎の偉さは、教育というものを非常に重視したことだ。有能な人材を集めるだけでなく、自分でつくろうとしたのだ。だからすでに大阪商会の頃から藩邸内に英学塾を設けていた。のちに三菱の規模が大きくなると三菱商船学校、三菱商業学校、明治義塾を立て続けに創設、将来会社の役に立つ逸材の育成に力を注いだ。

またおりに触れて社員たちに商いの道を教え込んだ。

繰り返しになるが、初期の三菱社員は旧土佐藩士が多数を占め、高飛車な連中が多かったので、全員に和服・角帯と前垂れの着用を命じ、客を神様のごとく丁重にあつかうよう周知徹底した。こうした姿勢が世間の人びとの好感を得て、三菱は信用を築きあげることになったのである。

弥太郎はまた、自分が見込んだ新人に度胸だめしをした。

たとえば慶応義塾を出た朝吹英二は、入社するとすぐに弥太郎に呼ばれ、

「得意先に送る歳暮は、とくに今年は豪華なものにしようと考えている。品物の選定はおまえに一任するから頼んだぞ」と言われた。もともと朝吹は豪快な性格だったので、「昨年は二百円の品物が調達されているので、今年は思い切って五百円の品を送ろう」と決め、弥太郎に報告したところ、「なんだ、二百円を五百円にしただけか。何とも度胸のないやつだ」と笑い飛ばされたという。

近藤廉平も大学南校（のちの東京大学）を出た秀才で、のちに日本郵船社長となるが、そんな近藤が入社したばかりの頃、いきなり弥太郎から三百円の大金を渡され、「すぐに大阪で綿を仕入れてこい」と命じられたという。

近藤は、綿の売買に関してはズブの素人。けれど社長の命令は絶対だから、必死に駆け回ってようやく三百円分の綿を買い付けたが、弥太郎は近藤から報告を聞いても「ふむ」と言っただけで、良いとも悪いとも言わない。結局、成功したのか失敗したのかわからずじまいに終わったという。おそらくあえて何も言わないことで、自ら判断する大切さや責任の重さを実感させようとしたのだろう。

このように岩崎弥太郎は、人を育てることに抜きんでていたのである。

## 渋沢栄一の後継者育成の失敗

岩崎弥太郎は素晴らしい後継者を育成したが、意外なことに渋沢栄一は後継者の育成に失敗している。

明治二十四年（一八九一）、栄一は渋沢家の家法と家訓を制定した。江戸時代の豪商たちも、よくこうした規定をつくっていたが、栄一のそれは近代的なものであった。これに協力したのが、東京帝国大学の教授で法学者の穂積《ほづみ》陳重《のぶしげ》だったからだ。穂積は栄一の長女・歌子の夫である。

多くの会社の経営に関わるうち、栄一は多額の金銭や株式を所有する富豪となっていった。そこで家法を設けて渋沢同族株式会社をつくり、これらを保管・運営することにしたのである。

同族会社の創立メンバーは全部で十名。宗家の当主である栄一、その後妻の渋沢兼子《かねこ》、長男の渋沢篤二《とくじ》。さらに支家として、穂積陳重（長女・歌子の夫）、穂積歌子（栄一の長女）、阪谷芳郎《さかたによしろう》（次女・琴子の夫）、阪谷琴子（栄一の次女）、渋沢武之《たけの》助《すけ》（栄一の次男）、渋沢正雄《まさお》（栄一の三男）、渋沢愛子（栄一の三女）である。
ただ、このうち栄一の跡継ぎに決まっていた長男の篤二が、栄一の大きな悩みの種であった。

じつは栄一の妻・千代はコレラに罹患して四十二歳の若さで明治十五年（一八八二）に亡くなってしまった。このとき篤二はまだ九歳だったが、翌年、栄一は兼子と再婚。このとき篤二については、長女の歌子（篤二より九歳年上）とその夫で法学者の穂積陳重に任せることにしたのである。

幼くして母を失い、父と離れて暮らさなくてはいけない篤二は、やがて趣味や遊びの世界に夢中になっていく。当時はまだ珍しかった自転車を乗り回したり、乗馬に明け暮れたりしているから、何不自由なく金が使える、かなり過保護な少年時代をおくったようだ。金持ちで栄一の息子ということで、多くの仲間たちも篤二のところに近寄ってきた。

だが、篤二にとっては、楽しい暮らしとはいえなかったのではなかろうか。

「右を向いても左をみても息ぐるしくなるような人間関係しか用意されていなかった。傍からみれば篤二はたしかに恵まれすぎるほどの結構な身分だったが、謹厳実直な義兄夫婦の人一倍強い責任感ゆえの過剰な保護干渉と、宗家の跡とりに対する周囲からの期待感は、成長とともに篤二に重苦しくのしかかっていった」

佐野眞一氏も、著書『渋沢家三代』（文春新書）で、篤二の気持ちをそう推測している。

確かに渋沢家は、まじめといえば聞こえがいいが、堅苦しい家であった。

栄一は毎月一回、同族会を開いたが、そのときの様子を栄一の四男の秀雄《ひでお》が次のように語っている。

「正月の同族会は飛鳥山の家で開くのを例とした。広間の正面にすわった父を取りまいて、穂積、阪谷、明石の義兄たちが堅苦しい社会問題を話し合う。姉たちは姉たちで、若い私たちには興味のない話題に専念する。やがて父が改まった調子で『家訓』を朗読しながら註釈を加える。当時としてはもっともずくめな常識倫理だけに、窮屈でつまらなくてやりきれなかった」（渋沢秀雄著『父　渋沢栄一』実業之日本社文庫）

まるでその情景が思い浮かぶようである。

篤二が嫌気がさしても仕方ないだろう。いずれにせよ、篤二が熊本の第五高等中学校に在学中、大問題を起こしたのである。明治二十五年（一八九二）のことである。はっきりとしたことはわからないが、どうやら学校に行かずに遊所に入り浸って女性と遊びまくっていたらしく、結局、熊本から強制的に連れ戻され、血洗島村での謹慎処分となったのである。

ほとぼりがさめた明治二十八年（一八九五）、篤二は公家出身の橋本敦子と結婚する。新郎は二十二歳、新婦は十六歳だった。もちろん親族が決めた結婚だった。

篤二は明治三十年（一八九七）に栄一が設立した澁沢倉庫部（現・澁澤倉庫株式会社）の部長（支配人）となり、明治四十二年（一九〇九）に澁澤倉庫株式会社に改組されたさい、取締役会長に就任した。しかし篤二が力を注いだのは、事業経営ではなく、趣味の世界であった。

先の佐野眞一氏は「篤二の趣味は、義太夫、常磐津、清元、小唄、謡曲、写真、記録映画、乗馬、日本画、ハンティング、犬の飼育と、きわめて多岐にわたっていた。そのいずれもが玄人はだしだった」（『渋沢家三代』）という。

渋沢秀雄も長兄・篤二のことを「常識円満で社交的な一面、義太夫が上手で素人離れしていた。諸事ゆきとどいている上に、ユーモラスでイキな人だった」（『父　渋沢栄一』）と回想している。

そんな篤二が、明治四十四年（一九一一）五月にある芸者にぞっこんとなり、妻を家から出し、その芸者を家に引き入れると言い出したのである。この醜聞は新聞にも載ってしまい、栄一は苦汁の選択を迫られる。

そして栄一は結局、篤二を廃嫡することに決めたのである。

大正二年（一九一三）一月十日に渋沢家は東京地裁に「身体繊弱」という理由で篤二の廃嫡申請を提出、正式に廃嫡が決まった。栄一にとっては忸怩たる思いだったろう。なお、栄一の跡継ぎは、篤二の嫡男・敬三となった。

だが、父の栄一には息子・篤二の所業を真っ向から責める資格はなかった。栄一自身も女性にはだらしなかったからだ。ただ、もちろんそれは、現代から見ての話である。伊藤博文にしても、かつての上司・井上馨にしても、さらにライバルの岩崎弥太郎にしても、芸者と遊び、遊郭に出入りし、妾を持っていた。金や権力を有する者にとって、それはごく当たり前であったし、男としての甲斐性といわれた時代であった。だから栄一もたびたび芸者と遊び、妾も複数かかえていた。

ただ、問題なのは、そんな彼が世間に向けては、道徳を声高に唱えていたことである。几帳面な栄一は毎日必ず日記をつけており、妾宅に行くときは「一友人」を問うと記していた。当時、東京の人びとは妾のことをフランス語をもじってアミイと呼んでいた。こうした父の妾（アミイ）の存在を知った四男の秀雄は、「社会的な活動は則天去私《そくてんきょし》に近かったろうが、品行の点では青少年の尊敬を裏切るものがあった」と述べ、「中学の二、三年ごろは私も父の一友人に憤慨したが、」「一生を通じて父のアミイを苦にしたのは母である。その友人には芸者もいたし、家に使っている女中もいた。現に『一友人』の子の一人は一高のとき私と同級になり、現在もなお半分他人のような、半分兄弟のような交際をつづけている」（『父　渋沢栄一』）と告白している。

栄一は屋敷の女中にも手を出しており、関係を結んだ女性の数はわからないくらい多かったといわれる。いわゆる隠し子も相当数いたようだが、まさにその名のとおり隠し子なので、総数はわからない。

ただ、「英雄色を好む」という言葉があるように、絶大なエネルギーである性欲がそのまま他の活動に転化されるのは、歴史が証明している。

ともあれ、篤二の色好みは、遺伝の為せるわざともいえなくないわけだ。

そんな栄一は、富豪の子息について、次のような文章を残している。

「富豪の子と生まれたものの多くは、親の遺した財産を当てにして、自分は働かずとも栄耀栄華をしておればよいと心得るのは、大いなる誤解である。その親が如何に大資産を所有しておるにもせよ、自己はどこまでも自己であるという考えを持ち、自分だけの智恵を磨き、社会に立ち得らるるよう心掛けねばならぬ。しかし子供がそういう心掛けを出したからとて、その親たるものも家からは一文も出さぬから、如何にでもして衣食して出よといってはおけない。第一に親の義務として学問をさせてやり、社会に立って恥ずかしからぬ行動の取れるだけにしてやらねばならぬ。また相当な地位を支えて、よい加減に困難のない生活をして出られるほどの財産も与えてやらねばなるまい。これは親の情というものであろうと思う。これだけにしてもらえば、その子たるものも、もはや親の財産などに目をくれておる必要はない。どれだけでも自己の腕次第に活動ができる。もしそういう子が富豪の家に生まれたとすれば、これ実に余が主義に合致したる理想的人物である」（『青淵百話・乾』）。

　じつはこの本が出版されたのは、明治四十五年（一九一二）のことである。ちょうど篤二がスキャンダルを起こした後だ。それを踏まえて読んでみると、何だか篤二に対するメッセージ、息子への最後の期待のようにも思えてくるから不思議である。

　では、その後、篤二はどうなったのだろうか。

　渋沢秀雄によれば、「父の事業や家督の相続から解放された篤二は、長男敬三が情理備わった人なので後顧の憂いはなかった。彼は後年宗家から立派な家屋敷と月々の仕送りをもらって、思う女と安穏に暮らしていた。私もたびたび遊びにいったが、長兄は好きなセッターの優良種を数匹飼ったり、気の合った知友を夕食に招いたり、生活を楽しむことだけが商売みたいな、世にも気楽な一生を送った」（『父　渋沢栄一』）と語っている。

　残念ながら栄一が期待したように、家から出ても篤二が奮起することはなかった。むしろ、与えられた財産を使いながら、気ままに人生を送ったのである。いずれにせよ、栄一は後継者の育成に失敗したわけだが、廃嫡は篤二にとって幸いだったことがわかる。というのは、栄一の跡継ぎになった敬三は、素晴らしい実業家となり、さらに学者（民俗学）としても多くの業績を残したからだ。そういった意味では、栄一にとっても災いが転じて福となったわけである。

　さらに付け加えるなら、教育事業にかける情熱は岩崎弥太郎に負けていない。むしろ凌駕しているといってよい。主なものをあげれば、実業教育として商法講習所（現・一橋大学）や大倉商業学校（現・東京経済大学）、女子教育として東京女学館や日本女子大学校（現・日本女子大学）などの創立に深く関わった。このほか、高千穂高等商業学校（現・高千穂大学）や早稲田大学、名古屋商業学校など多くの学校を支援したのである。

# 二、実業家を超越した哲人

## 栄一の社会事業

栄一は、五百社の企業を設立したり運営したりしたといわれるが、そのほかにも、さまざまな事業に関わっている。その一つが社会福祉事業である。

栄一は、こんなことを言っている。

「自分のかく分限者《ぶげんしゃ》になれたのも、一つは社会の恩だということを自覚し、社会の救済だとか、公共事業だとかいうものに対し、常に卒先して尽すようにすれば、社会は倍々健全になる、（略）もし富豪が社会を無視し、社会を離れて富を維持し得るがごとく考え、公共事業、社会事業のごときを捨てて顧みなかったならば、ここに富豪と社会民人との衝突が起こる、（略）だから富を造るという一面には、常に社会的恩誼《おんぎ》あるを思い、徳義上の義務として社会に尽すことを忘れてはならぬ」（渋沢栄一著『論語と算盤』忠誠堂　昭和二年）

このように、自分が富豪になれたのは社会のお陰だと自覚し、世の中のために社会事業をおこなうのが義務であると信じた。

ただ、栄一が公共事業や社会事業をはじめたのは、経営の第一線から身を引いた後ではなかった。すでに現役時代からさまざまな活動を展開している。あまりにその数が多いので、ここでは一つだけ紹介したい。

それが、東京市養育院に関する事業である。この事業は、明治三年（一八七〇）に来日したロシアの皇族が東京を訪問したさい、ホームレスが多いことを指摘されたため、政府が明治五年（一八七二）、自活できない路上生活者を一カ所に収容したことからはじまった。

やがて施設は東京府の管轄となり、その運営費には江戸時代の町費の一部（七分積金）が使用されたが、この管理を委託されたのが官僚時代の栄一だった。当時は上野の護国院のお堂が養育院の施設として利用されていた。

ここを初めて訪れた栄一は、大きな衝撃を受けた。というのも、老人も子供も病人も一緒くたに詰め込まれていたからである。とくに子供たちの様子には驚きだった。子供といえば笑顔で走りまわっているものと信じて疑わなかったが、養育院の子供たちは精気がなく、笑いも泣きもせず、無表情なのだ。その子供たちの多くは捨て子だった。

この環境が子供たちに悪い影響を与えているのだと確信した栄一は、彼らを老人や病人から分けて生活させることを提案した。さらに職員たちに、単に動物のように収容するという考え方を改めさせたのである。このときの体験を栄一は次のように回想している。

「笑うのも啼《な》くのも、自分の欲望を父母に訴えて充たし、あるいは満たさんとする一の楽しみがある。しかし棄児即《すなわ》ち養育院の子供にはそれらの愉快がない、自由もない。また毫《ごう》も依頼心がなく常に淋しい面影が存する。ゆえに私は（略）家族的の親しみと楽しみと享《う》けさするのが、最大幸福であると自信し、子供に親爺を与える工夫をした」（渋沢栄一著『雨夜物語　青淵先生世路日記』擇善社　大正二年〈一九一三〉）

つまり、施設の職員に「子供たちの本当の親になってほしい」と指導したのである。それは、「子供には依頼心を起こさせるのが、かえってその発育に効能がある」（前掲書）と信じたからである。これにより、子供たちの表情はみるみる変わっていったという。

明治六年（一八七三）に栄一は大蔵省を辞職するが、その後もこの施設に関わりつづけた。

ところが明治十五年（一八八二）、東京府会は、養育院の費用を廃止する動きを見せたのだ。

「慈善事業は、自然に懶惰《らんだ》民《みん》（なまけ者）を作る様になるからいけない」（前掲書）という理由からだった。勘違いも甚だしいので、栄一はこの案に強く反対した。このためその年は廃止されなかったものの、翌明治十六年（一八八三）になると、養育院の廃止が決議されてしまった。

そこで栄一は、東京府知事の芳川顕正《あきまさ》と相談し、今後も養育院を存続させることに決め、その運営のための基本財産づくりに奔走する。

まずは東京府の共有財産であった和泉橋の地所の売却代金を原資とし、栄一をはじめ有志から寄付金をかき集めた。そのうえで明治十七、八年から広く一般にも寄付金を呼びかけたのである。さらに女性たちにも協力してもらい、ようやく運営のメドが立った。

明治十八年（一八八五）、栄一は東京府養育院の院長となり、事務を総轄することになった。明治二十二年（一八八九）、養育院は東京市に付属することになったが、その後も栄一は院長として養育院の発展につとめ、千葉県安房郡、東京府の巣鴨、井の頭などへも次々と施設を拡大していった。実業界からの引退を決意した翌明治四十三年（一九一〇）の収容人数は、一千八百人を超えるまでになっている。

栄一は「養育院の事業は一層の拡張を要するのであるから、世の博愛なる仁人君子が、華を去り実に就《つ》き勤倹の余力を割いて、救済事業の為《た》めに援助せられんことを期待する」（前掲書）と述べている。多くの会社の経営をおこなうなかで、同時にこのような福祉事業を進めた栄一には、まさに頭の下がる思いがする。『論語』でいう仁徳が服を着て歩いているようだ。

続いて、栄一がおこなった諸事業のうち、意外なものを一つ紹介したい。それが明治神宮の創建である。

明治四十五年（一九一二）、明治天皇は持病の糖尿病が悪化して慢性腎炎から尿毒症になり、七月二十九日に崩御した。遺体は、生前の遺言に従い、京都の桃山につくられた山陵に葬られた。

これは、東京府民にとって大きなショックだった。というのは、東京の人びとは陵墓は皇居のある東京近郊につくられると思い込んでいたからである。実際、天皇が崩御すると、すぐに府内各地で御陵建設請願運動がはじまった。それだけに、京都に陵墓がつくられがっかりしたというわけだ。しかしその後、かわりに明治天皇を祭神としてお祀りする神社をつくろうという運動が盛り上がった。なんと、その中心になったのが渋沢栄一だったのである。

そもそものきっかけは、天皇崩御の三日後、栄一が婿で東京市長の阪谷芳郎と東京商業会議所会頭の中野武営の三人で集まり、明治天皇の陵墓を東京につくる陳情をしようと決めたことにあった。

ただ、今述べたように、天皇の遺志で陵墓は京都に決まってしまうので、彼らはすばやく神社創建運動へと舵を切ったのである。

八月九日、さっそく栄一らは、東京の有力者百名以上に呼びかけて、明治天皇の神社を創建するための有志委員会を立ち上げた。そして八月二十日、「覚書」と題する具体的な神社建設案を全員一致で可決したのである。

この計画を見ると、明治天皇を祀る神社は、内苑と外苑からなり、内苑の場所は代々木御料地をあて国費で造営することとし、それとは別に、青山練兵場を外苑の候補地とすることになっている。また、外苑には、明治天皇の記念館を建設することも記されていた。そう現在の明治神宮と同じであることがわかるだろう。

つまりこの「覚書」の基本構想がそのまま採用されることになったのである。

もちろん、何もせずにすんなりと採用されたわけではない。それどころか栄一らは、猛烈な運動を展開した。この「覚書」を持って西園寺公望総理大臣、原敬内務大臣など閣僚を訪ね、さらに大隈重信、山県有朋、桂太郎といった政府の実力者たちにも面会を求めて協力をあおいだ。

この動きは新聞で逐一報道され、国民的な関心を誘ったが、どうやらこれも栄一らの、政府を動かすマスコミ戦略だったようだ。さらに、渋沢栄一をリーダーとする有志委員会に属する代議士たちが中心になって、衆議院に明治天皇の神社を建設する請願・建議を提出。それは満場一致で可決された。同じく貴族院でも可決された。

こうして政府にプレッシャーを与えた結果、ついに大正二年（一九一三）八月、原敬内務大臣は「明治天皇奉祀ノ神宮創設ニ関スル件」を閣議に提出、それは十月に正式決定され、原敬内務大臣を長とする「神社奉祀調査会」がつくられたのである。当然、その委員として渋沢栄一も選ばれた。翌年二月、鎮座の地が栄一の「覚書」のとおりに代々木に決まり、翌大正四年（一九一五）、内務省に明治神宮造営局が設置された。

栄一は婿の阪谷とともに造営局の評議員となり、その後も明治神宮の造営に関わることになった。社殿の建築を担当したのは、社寺建築の第一人者だった伊東忠太である。伊東は最終的にもっとも日本に普及している素木造の銅板葺を、その形式は流造を採用した。

現在、明治神宮内苑には、社殿を中心に七十二ヘクタールの広大な森林が広がっているが、東京ドーム十五個分にあたるこの森林は、驚くべきことに何もないところに一から人工的に作り上げたものである。

神宮の森は、「日本公園の父」と呼ばれた林学者の本多静六が中心になって「天然更新」をコンセプトに、人の手を離れても永遠に繁茂する森をイメージしてつくったとされる。東京の気候に適した常緑広葉樹が植林されていったが、約十万本は国民からの献木であった。

社殿と内苑の造営は不運にも大戦景気とぶつかり、物価上昇に連動して人件費が高騰したので、なかなか進まなかった。そこで明治神宮造営局は国民から献木を募ったり、労働力については青年団に依存したりした。そんな青年団の中心メンバー・田澤義鋪《よしはる》によれば、二百八十近い青年団体から一日に一万五千人が神宮造営に奉仕したという。

いっぽう外苑だが、関東大震災などもあって、大正十五年（一九二六）にようやく完成した。こうして創建された明治神宮は、首都東京、ひいては日本全体の統合のシンボルとなっていくのである。

さて、明治神宮外苑の完成が関東大震災のために遅延したと述べたが、栄一も震災被害者だった。

飛鳥山にある栄一の豪邸の母屋は、関東大震災で焼失してしまったのである。それだけではない。兜町にあった事務所も全焼してしまった。

そのときの様子を、栄一は次のように回想している。

「当時兜町の事務所におりましたが、地震に慌てて飛び出しまして、一先ず第一銀行へ行って休息しながら、火災のことなどは思いもせずに、事務所も定めし破損したであろうから明日にも修繕しなければなるまいなどと呑気な考えをもちながら、翌日の報告によると事務所はすっかり灰燼に帰してしまって商売上のものではありませんが、大切な書類を全部焼いてしまったという仕末でありました。（略）そういう不注意に終りまして誠に御恥かしい次第であります。

私は只今大切な書類と申し上げましたが、それは私がずっと以前から徳川慶喜公の伝記を編纂いたそうと思い立ちまして、各方面から沢山の資料を集めておったのでありますが、それを指すのでございます。（略）これも実に私の一生涯の大失策であると、今に自責の念を禁じ得ぬのであります」（渋沢栄一著『處世訓言集』東洋生命保険　昭和十年〈一九三五〉）

意外なことだが、被害にあったなかで一番栄一が残念に感じたのは、自宅や事務所が全焼したことではなく、旧主・慶喜の伝記を書くために集めた資料が燃えてしまったことだった。彼がいかに主君思いであるかがよくわかる。

このように関東大震災で大きな被害を受けた栄一だったが、大震災善後会副会長、帝都復興審議会委員などを務め、東京の復興に全力を尽くした。東京駅近くの常盤橋そばには、渋沢栄一像が立っている。これは、関東大震災で被災した常盤橋周辺を栄一が私財で修復したので、その功績をたたえて像が建立されたのである。ただ、現在の銅像は昭和三十年（一九五五）に再建されたもので、初代のそれは太平洋戦争で供出されてしまっている。

## 日米民間外交の推進

単なる実業家の枠組みにおさまり切らない栄一だが、その活動は海外にまで及んでいった。特筆すべきは、アメリカとの民間外交を推進したことであろう。栄一は生涯に四度、渡米している。

最初は明治三十五年（一九〇二）のことだ。このときはセオドア・ルーズベルト大統領と会談している。会見時、大統領は日本の軍隊と美術をほめたが、これに対して栄一は、「日本の商工業についてもほめていただけるよう努力します」と粋な返し方をした。

それから二年後に日露戦争が勃発すると、アメリカ国民は日本を経済的に支援し、ルーズベルト大統領はロシアとの講和の仲介をしてくれた。もちろんそれは、単なる親切心からではない。戦後、ロシアが南満州の利権を日本へ譲った場合、日本はアメリカと共同で満州の鉄道を経営すると約束（桂・ハリマン協定）していたからだった。ところが土壇場になって日本はこの約束を破り、単独経営に方針を転換してしまったのである。

また、日露戦争で黄色人種が白人の大国に勝利したことで、白人が黄色人種を脅威と考える黄禍論に拍車がかかった。それはアメリカ国内も同様だった。この頃、カリフォルニア州などに日本人移民が多数流入していたが、日本人は生魚を食するなど白人と生活習慣が大きく異なるうえ、アメリカ社会に交わろうとしない。しかも安い賃金で長時間よく働くので、白人たちは職を奪われるかもしれないと心配し、桂・ハリマン協定の反故を機に排日の機運が高まったのだ。

明治三十九年（一九〇六）にサンフランシスコ地震が起こると、学校が被災して教室が足りないことを理由に、日本人学童は公立学校から閉め出され、東洋人学校への転校を余儀なくされた。

こうした状況を危惧したのは小村寿太郎外務大臣であった。小村は、密かに栄一に対し、民間の力で日米関係を改善してほしいと依頼したのだ。

そこで栄一は明治四十一年（一九〇八）、東京・大阪・京都といった商業会議所の主催というかたちでアメリカの実業家たちを日本に招待し、自宅でもてなすなどして親善につとめた。

さらに翌年、渡米実業団の団長として三十余名を率いて三カ月にわたってアメリカの六十近い都市を回り、日本を理解してもらおうと努力した。

だが日本軍は、日露戦争後、アメリカを仮想敵国と考えるようになっていた。満州共同経営を拒否されたアメリカが、日本の中国侵出に対し、さまざまな妨害をするようになったからである。

このまま関係が悪化すれば、日米戦争という最悪の事態もあり得る。

けれど栄一は、戦争が国の経済を助けるという考え方を明確に否定し、「平和こそが経済を発展させ人びとを幸せにするのだ」という信念を持っていた。そこで日米同志会、日米協会などをつくって民間の立場からアメリカとの関係改善に尽力しつづけた。

しかし関係悪化に歯止めはかからず、大正十三年（一九二四）には、排日移民法がアメリカ議会を通過してしまう。アメリカが日本人移民の受け入れを一切、拒絶したのだ。

そんななか昭和二年（一九二七）、親日家の宣教師シドニー・ギューリックが「親善は気長にやらなくてはいけない。まずは両国の子供たちが相知り親しむことが必要だと思う。そこで日本の子供にアメリカの人形を送りたいのだが」と相談を持ちかけてきた。

喜んだ栄一は、日本国際児童親善会を創設、日米間で人形の交換による親睦をはかったのである。残念ながらそれから十数年後、日米両国は全面戦争に突入してしまう。

とはいえ、実業家として栄一のすすめた日米親善外交は大きな意義があり、その平和希求の精神は現代の私たちも大いに見習うべきだと思う。

## 渋沢栄一の最期

大実業家になった栄一のもとには、毎日のようにさまざまな人びとが面会を求めて訪れる。なかには縁もゆかりもない人がいるし、無理難題を頼み込んでくる知人もいる。これに対して栄一は、次のように対応した。

「自宅へも皆さんが種々なことを云って見えますが、それが必ずしも善いことばかりではありません。否、寄附をしろの、資本を貸せの、学費を貸与してくれのと、ずいぶん理不尽なことを言ってくる人もありますが、私はそれらの人々にことごとく会っています。世の中は広いから随分賢者も居れば偉い人も居る、それを五月蠅《うるさ》い善くない人が来るからと云って、玉石混淆《こんこう》して一様に断り、門戸を閉鎖して了《しま》うようでは、単《ひと》り賢者に対して礼を失するのみならず、社会に対する義務を完全に遂行することができません、だから私は何誰に対しても城壁を設けず、充分誠意と礼譲《れいじょう》をもってお目にかかる」（『論語と算盤』）

まことに驚くことだが、この言葉は真実である。

栄一は昔、中国の周公旦《しゅうこうたん》が客人が訪れると食事中であっても食べ物を吐き出してすぐに会いに行き、その周公旦を敬愛した漢の高祖《こうそ》（劉邦《りゅうほう》）が洗髪中も髪をすいたまま来客があると引見した故事に学び、自分もそれが富豪としての社会的な責任だと考え、誰にでも会っていたのである。しかも明らかに無理な注文でなければ、出来るかぎりその人の願いが実現するように動いたのだ。

明治四十三年（一九一〇）一月十七日、どんより曇った寒い日であった。この日も栄一に陳情に来た人びとがいた。上武鉄道（秩父鉄道）の重役たちである。明治三十二年（一八九九）に設立されたこの鉄道会社は、熊谷から寄居《よりい》、さらに明治三十六年（一九〇三）に寄居から波久礼《はぐれ》へと路線を延ばしていったが、ついに経営資金が底をつき大宮町までの延伸が困難になってしまった。そこでこの年に取締役になった諸井《もろい》恒平《つねへい》が役員とともに栄一に懇願しに来たのである。

諸井は栄一と同じ埼玉県人で、しかも親類筋にあたった。本庄郵便局長として優秀だったこともあり、栄一が推薦して日本煉瓦《れんが》製造に入社させてやったのだ。同社で役員にまで上りつめた諸井だが、さまざまなことでよく栄一の力を頼ってきた。

そのたびに栄一は一肌脱いできたのだが、今回も「見込みがあれば支援してやろう。目的地の大宮町まで鉄道を敷設して果たして採算がとれるかどうか調査する」と答えた。

そして、実際に現地を調査して見込みがあるとわかると、六十万円の資本金を百万円に増資してやったのである。四十万円の新株は優先株とし、それを元手に金崎まで線路を延長、結果は上々で株式も一割二分の配当に成功、さらに好成績の波に乗って大正三年（一九一四）にはついに大宮町まで敷設することができた。栄一の目の確かさがよくわかる。

なお、律儀な栄一は、金崎までの開通式、大宮町までの開通式の二度とも式典に参加し、祝辞を述べている。

ちなみに諸井はその後、武甲山の石灰岩の大鉱床を開拓してセメント工場（秩父セメント）をつくり、秩父鉄道でこれを各地へ輸送し、セメント王と呼ばれたが、じつは秩父の石灰石の存在を諸井に示唆したのは栄一だったともいわれている。

これに関して先に述べた本多静六とのエピソードがある。静六も栄一と同じ埼玉県人で、若い頃ドイツのミュンヘン大学に留学して林学を学び、さらに日比谷公園など多くの公園をつくり「日本公園の父」と呼ばれた。栄一は同郷のよしみで彼の帰国歓迎会を主催したが、そのとき静六は、今後は鉄筋コンクリート造りの建物が主流になると演説したといい、これが頭にあったようだ。このように栄一は、多くの人びとを支援するとともに、支援した人びとからさまざまなビジネスの種を収穫していたのである。

さて、明治三十年代になると、埼玉県の若者たちが続々と東京で学ぶようになった。そんな学生たちのために寄宿舎とその運営費、奨学金を出す組織をつくろうという話が出た。先に述べたように、栄一は多くの人を支援していたので、彼らは「渋沢栄一に資金を提供してもらおう」という話になり、計画への協力を打診してみた。ところが、栄一はなかなか金を出そうとしない。そこで先の本多静六が県人の代表になって渋沢と会い、助力を求めたのである。

このとき栄一は静六に「自分で金を出さないくせに、私に金を出させようとするのは心得違いだぞ」と叱ったが、栄一の性格をよく知っていた静六は、自分の腹巻きからいきなり三百円の大金（静六の年収の三分の一）を取り出し、その場で栄一に手渡したという。すると栄一は笑顔になり、支援を約束したのだった。

本当は、この程度の支援はすぐにもできたのだが、あえて栄一がそれをしなかったのにはワケがある。

「はじめることは簡単だが、世の中の事業を見ると、多くのことは途中で失敗している。それならはじめからやらないほうがよい」と考えたからであった。ようは本多たちの本気度を測っていたのだ。

ともあれ、こうした栄一への助力の依頼は、晩年まで絶えることがなかった。それを横で見ていたのが、四男の秀雄であった。

九十一歳の十二月、栄一は風邪で熱を出して寝ていたが、社会事業家たちが二十名ほどで屋敷を訪ねてきたのだ。主治医も妻の兼子も会うのをとめたが、栄一は彼らを応接間に通して熱心に話を聞いたという。

社会事業家たちは飢えと寒さに苦しむ二十万人の窮民を救うため、力を貸してほしいと頼んだ。すると栄一はその場で協力を約束し、すぐに自動車の支度をさせ、電話で連絡したうえで、大蔵大臣と内務大臣のもとに出向こうとしたのである。

主治医は強くとめたが、「先生のお世話で、こんな老いぼれが養生しているのは、せめてこういう時の役に立ちたいからですよ。もしこれがもとで私が死んでも、二十万人の不幸な人たちが救われれば本望じゃありませんか」（『父　渋沢栄一』）と言ったのである。秀雄はそんな栄一を「人が人のために尽くす純粋な心持ほど美しいものはない。九十一歳の父は青年みたいに新鮮な同情心を持っていたのである」（前掲書）としみじみと回想している。

そんな秀雄によく栄一は、「私がもし一身一家の富むことばかりを考えたら、三井や岩崎にも負けなかったろうよ」「これは負けおしみではないぞ」と笑顔を見せながら言っていたという。

渋沢栄一と岩崎弥太郎、共に農民から裸一貫で実業界の頂点まで上りつめた人物だが、心の美しさという点では、残念ながら弥太郎は栄一にかなわないだろう。

ただ、この無理が祟って、以後、栄一の体調はすぐれなくなり、昭和六年（一九三一）十月、腸閉塞を起こした。診断の結果、直腸がんであった。手術をして人工肛門にすれば、腸閉塞は解消されるということだったが、栄一は「そんなことをしてまで生きながらえたくない」と拒んだ。しかし家族が強く説得したので栄一もついに納得して手術にのぞんだ。手術は成功したものの、数日後に肺炎を起こし、十一月十一日に九十二歳で大往生を遂げたのである。

栄一の四男・渋沢秀雄は、その死について、

「父は長い一生を、人や物に対する友愛精神でつらぬきながら、驚くほど数多い事業の達成に尽くした。そしてあとに残る一族も安穏に生活している。その中には優れた人物もいる。公私共に悔の少ない、生き甲斐ある九十一年だったろう。よく晴れわたった地平線に、いま、巨大で真んまるな太陽がきらめきながら沈んでゆく。……父の最期を、私はそんなふうに感じた」(前掲書)

渋沢栄一は維新後、「国利民福」をかかげて、己の持てる時間のすべてを日本の近代化、国民の幸福のために注ぎ込んだ。そういった意味では、まさしく秀雄の言うとおり、渋沢栄一は日本を明るく照らした巨大な太陽であった。このような人物を近代の日本が生み出したということを、私たち日本人はもっと誇るべきではないだろうか。

# 参考文献

長幸男校注・渋沢栄一著『雨夜譚　渋沢栄一自伝』（岩波文庫）
渋沢栄一『雨夜物語　青淵先生世路日記』（擇善社）
渋沢栄一『論語と算盤』（角川ソフィア文庫）
渋沢栄一『論語と算盤』（忠誠堂）
渋沢栄一『渋沢百訓　論語・人生・経営』（角川ソフィア文庫）
渋沢栄一『處世訓言集』（東洋生命保険）
小貫修一郎筆記『澁澤榮一自叙傳』（澁澤翁頌德會）
渋沢史料館編著『渋沢栄一渡仏一五〇年　渋沢栄一、パリ万国博覧会へ行く』（公益財団法人渋沢栄一記念財団　渋沢史料館）
渋沢栄一『青淵百話・乾』（同文館）
渋沢栄一編、大久保利謙校訂『昔夢会筆記　徳川慶喜公回想談』（東洋文庫76平凡社）
渋沢栄一『澁澤男爵實業講演　乾』（帝國圖書出版）
渋沢栄一『䖏世の大道』（實業之世界社）
東京海上火災保険株式会社編纂兼発行『東京海上火災保険株式會社六十年史』
渋沢秀雄『父　渋沢栄一』実業之日本社文庫

土屋喬雄『人物叢書　渋沢栄一』（吉川弘文館）
木村昌人『渋沢栄一―日本のインフラを創った民間経済の巨人』（ちくま新書）
木村昌人『渋沢栄一―民間経済外交の創始者』（中公新書）
井上潤『渋沢栄一　近代日本社会の創造者』（山川出版社）
井上潤『渋沢栄一伝　道理に欠けず、正義に外れず』（ミネルヴァ書房）
島田昌和『渋沢栄一　社会企業家の先駆者』（岩波新書）
佐野眞一『渋沢家三代』（文春新書）
『岩崎彌太郎傳　上巻・下巻』（岩崎彌太岩崎彌之助傳記編纂會）
『岩崎彌太郎日記』（岩崎彌太岩崎彌之助傳記編纂會）
『岩崎彌之助傳　上巻・下巻』（岩崎彌太岩崎彌之助傳記編纂會）
岩井良太郎『三井・三菱物語』（千倉書房）
武田晴人『商会之実八一家之事業ナリ　岩崎弥太郎』（ミネルヴァ書房）
小林正彬『岩崎彌太郎　治世の能吏、乱世の姦雄』（吉川弘文館）

＊本文中の引用のカッコ内は、筆者による補足です。

## 著者略歴

**河合《かわい》 敦《あつし》**

一九六五年、東京都生まれ。
青山学院大学史学科卒業、
早稲田大学大学院博士課程単位修得満期退学（日本史専攻）。
第17回郷土史研究賞優秀賞（新人物往来社）、
第6回NTTトーク大賞優秀賞を受賞。
都立高校の教師として教壇に立ちながら、歴史作家・歴史研究家として、
数多くの著作を刊行。二〇一三年、東京都を退職。
二〇一八年雑学文庫大賞受賞（啓文堂書店主催）。
『晩節の研究』『吉田松陰と久坂玄瑞』『後白河法皇』『二代将軍・徳川秀忠』
『岩崎弥太郎と三菱四代』（いずれも幻冬舎新書）、
『逆転無罪！ 日本史をザワつかせた悪人たち』（KAWADE夢文庫）、
『殿様は「明治」をどう生きたのか』（扶桑社文庫）など著書多数。

幻冬舎新書 613

# 渋沢栄一と岩崎弥太郎
## 日本の資本主義を築いた両雄の経営哲学

二〇二一年三月二十五日 第一刷発行

著者 河合 敦
発行人 志儀保博
編集人 小木田順子
編集者 高部真人

発行所 株式会社 幻冬舎
〒一五一-〇〇五一 東京都渋谷区千駄ヶ谷四-九-七
電話 〇三-五四一一-六二一一(編集)
〇三-五四一一-六二二二(営業)
振替 〇〇一二〇-八-七六七六四三

ブックデザイン 鈴木成一デザイン室

印刷・製本所 中央精版印刷株式会社

検印廃止

Printed in Japan ISBN978-4-344-98615-2 C0295
か-11-7

幻冬舎ホームページアドレス https://www.gentosha.co.jp/
*この本に関するご意見・ご感想をメールでお寄せいただく場合は、comment@gentosha.co.jp まで。